林正弘著

白馬非馬

三民書局印行

網際網路位址 http://www.sanmin.com.tw

©白馬非馬

著作人 林正弘
發行人 劉振强
著作財產權人 三民書局股份有限公司
發行所 三民書局股份有限公司
地址／臺北市復興北路三八六號
電話／二五〇〇六六〇〇
郵撥／〇〇〇九九九八——五號
印刷所 三民書局股份有限公司
門市部 復北店／臺北市復興北路三八六號
重南店／臺北市重慶南路一段六十一號
初版 [illegible]十四年一月
四版 [illegible]十八年五月
編號 [illegible]
基本定價 壹元肆角
行政院新聞局登記證局版臺業字第〇二〇〇號
著作權執照臺內著字第七七六一號

ISBN 957-14-1631-2（平裝）

三民文庫編刊序言

書是知識的滙集，知識是人人必備的，因而書是人人必讀的；我們出版界的責任，就是要提供好書，供應廣大的需要。不但在内容上要提高書的水準，同時在價格上也要適合一般的購買力，至於外觀求其精美，當然更是印刷進步的今日應該做得到的。

知識是多方面的，社會科學、自然科學的知識，文學、藝術、哲學，歷史的知識，莫不為人所必需，推而至於山川人物的記載，個人經歷的回憶，也都包括在知識的範圍以內；這樣廣博知識的滙集，就是我們所要出版的三民文庫陸續提供的讀物。

在歐美日本等國，這種文庫形式的出版物，有悠久的歷史及豐富的收穫，人人愛讀，家家傳誦，極為我們所欣羨。近年來我國的出版界，在這方面亦已有良好的開始；我們願意站在共求文化進步的立場並肩努力，貢獻我們微薄的力量，參加栽種的行列。我們希望得到作家的支持，讀者的愛護，同業的協作。

中華民國五十五年雙十節

三民書局編輯委員會謹識

序

這裏所收集的十二篇長短不齊的文章都是在雜誌上發表過的。內容以邏輯和語意學爲主，有兩、三篇涉及科學哲學。

爲了閱讀方便起見，我勉强把這些文章分成三部分。第一部分是淺釋性質的文章，共有五篇。在這些文章中，我用極淺顯易懂的方式介紹一些基本概念。其中第一篇是對公孫龍的「白馬篇」提出我自己的解釋。因爲它對所涉及一些邏輯和語意學的基本原則都有極淺顯的說明；因此，我把它歸入第一部分。其實，把它歸屬於第二部分亦無不可。第二部分是書評，共有六篇。它們主要是指出原著的錯誤，其目的是希望讀者能够受用原著的優點，而不致被它的錯誤所誤導。因此，錯誤百出而不值一讀的書，我是不予評介的。第三部分是專題論著，只有一篇，但也是最長的一篇。它詳細比較各家描述論的得失利弊；其中有些論點是我自己的研究心得，希望能够引致討論與辯難。這篇文章要讀過初等符號邏輯才能瞭解。我把它編入本書，是因為它可以當做初等邏輯的補充讀物。拙作「邏輯」一書的增訂本（三民書局，一九七三年五月）會詳細介紹各種描述論，並比較其異同，但因限於教科書體裁，未能做深入的分析。這篇專論恰可做為該書第八章的補充教材。

我要感謝三民書局願意把這樣冷門的文集收入「三民文庫」，同時，我也要感謝刊登這些文章的雜誌社，沒有他們的催稿，大部份文章是不會產生的。

最後，我要向麗鶯表示謝意。本書所收的文稿都是她在家事繁忙之中抽空為我蒐集、編排而成的。

林正弘　一九七四年三月十二日於永和

白馬非馬 目次

第一部分 淺釋

第二部分　書評

第三部分　專題論著

白馬非馬

我們常常喜歡做一些幻想：如果康德來得及看到非歐幾何，他將如何改寫他的純理性批判？他將放棄先驗綜合的概念呢？還是修改它，使非歐幾何也能得到圓滿的解釋？如果讓牛頓看到相對論，他的反應將如何？想想這些問題，是非常有趣的消遣。我們也不妨想想：如果讓公孫龍和他辯論的對手（如：孔穿）具有現代人的常識，並使用現代人的語言重新做一場「白馬非馬」的辯論，則其情況將如何？我們可能設想出千百種情況，下面是筆者所設想的一種可能。我把它錄下來，希望能引起讀者想出內容更豐富、過程更精彩，而且與二千多年前的原著更相似的一場辯論。

筆者要特別聲明：本文並不是替「白馬篇」的原著做註解或詮釋，因此，其中所設想的一些論證不一定是公孫龍的原意。同時，筆者也避重就輕的逃避了一些原著中迄今無法圓滿解釋的段落。此外，公孫龍的辯論對手在原著中並未指名，但「府跡篇」曾記載他和孔穿的辯論，因此，我就設想孔穿是「白馬篇」中的辯論對手。

孔　穿：公孫龍先生！你主張「白馬非馬」，理由何在？

公孫龍：「馬」字是用來描述形狀的；「白」字是用來描述顏色的。「白馬」一詞對顏色與形狀都有所描述；而「馬」一詞只描述形狀。這兩個詞所描述的性質既不相同，則它們所指的對象也不相同。因此，白馬不是馬。

孔　穿：兩個詞所描述的性質不同，則它們所指的對象就因而不同嗎？

公孫龍：這倒是不一定。例如：「三角形」和「三邊形」這兩個詞所描述的性質並不同，前者描述角的個數，後者描述邊的個數；但是，這兩個詞所指的對象却相同，三角形就是三邊形，三邊形就是三角形。

然而，「白馬」和「馬」這兩個詞的情形不同。「白馬」一詞已含有「馬」字在內，但除了「馬」字之外還有「白」字；「馬」一詞所描述的形狀，「白馬」一詞也都加以描述，但它還多描述了顏色。我現在提出一個原則：設有甲、乙兩詞。因爲乙詞所描述的性質，甲乙合成的複合詞也都加以描述；而此複合詞還多描述一些乙所未描述的性質。因此，甲乙複合詞所指的對象必較乙所指的爲少。按照此原則，「白馬」所指的對象較「馬」所指的爲少。因此，白馬不是馬。

孔　穿：你所提的原則恐怕有問題。我們暫且不談「白馬」；我們來考慮「烏鴉」一詞。「鴉」所描述的性質，複合詞「烏鴉」也都加以描述，但還多了一個「烏」字描述顏色。按照你的原則，「烏鴉」所指的對象要比「鴉」字所指的爲少。但事實上，兩者所指是相同的。

公孫龍：「白馬」的情形與「烏鴉」的情形不同。天下的鴉沒有不烏的；因此，在「鴉」之上加了一個「烏」字來描述顏色，其所指的對象不會因而減少。反之，馬不一定是白的，除了白馬之外還有黃馬、黑馬……等等；因此，在「馬」之上加了一個「白」字來描述顏色，其所指的對象會因而減少。

孔　穿：那麼，你剛才所提出的原則確是有問題。

公孫龍：是的。我必須把那個原則修改如下：設有甲、乙兩詞。若具有乙所描述的性質者未必具有甲所描述的性質，則甲乙的複合詞所指的對象較乙所指的對象爲少。例如：具有「馬」所描述的性質者未必具有「白」所描述的性質；換句話說，馬未必是白的。因此，「白馬」所指的對象較「馬」所指的對象爲少。

孔　穿：你現在必須承認：僅從「白」「馬」等詞所描述的性質，無法證明「白馬」與「馬」所指的對象不同。你必須知道馬未必是白的，才能證明上述的結論。其實，你所謂「白馬非馬」

也不過是說：白馬之外還有其他顏色的馬。你開頭所做的一些論證都是無用的。

公孫龍：其實，只要你承認白馬之外還有其他顏色的馬，你就必須承認白馬不是馬。

孔　穿：那可未必。我承認有其他顏色的馬，但我仍認爲白馬是馬。

公孫龍：爲什麼？

孔　穿：假如這裏有一匹白馬，你能不能說這裏沒有馬呢？

公孫龍：當然不行。

孔　穿：那麼，你必須承認：有白馬，就必定有馬。

公孫龍：是的。

孔　穿：既然這樣，那麼白馬是馬。

公孫龍：這個推論有問題。我舉一個反例給你看。有閃電，就必定有雷聲，對嗎？

孔　穿：不錯。

公孫龍：你能因此說「閃電是雷聲」嗎？

孔　穿：不行。

公孫龍：可見，由「有甲，就必定有乙」，不能得到「甲是乙」的結論。

孔　穿：請你注意：我的句子「有白馬，就必定有馬」，有一個特點，就是：下句有「馬」字，而上句有以「白」「馬」兩詞合成的複合詞。你所舉的反例沒有這個特點。

公孫龍：其實，這點是無關緊要的。既然由「有甲，就必定有乙」，不能得到「甲是乙」的結論，則由「有甲乙，就必定有乙」也得不到「甲乙是乙」的結論。如果你能證明「甲乙是乙」，那必定是用其他方法證出來的，由「有甲乙，就必定有乙」無法得到此結論。

孔　穿：好吧！我現在用其他方法來證明白馬是馬。如果白馬不是馬，則同樣的理由，黃馬、黑馬……等等也都不是馬，換言之，只要是有顏色的馬都不是馬。那麼，只剩下沒有顏色的馬才是馬了。難道天下有沒有顏色的馬嗎？

公孫龍：沒有！馬一定有顏色。

孔　穿：你不覺得你已經自相矛盾了嗎？

公孫龍：不！我主張：白馬不是馬，黃馬不是馬，黑馬不是馬。但我並不主張它們合起來也不是馬。事實上，它們全部合起來是馬，分開時却不是馬。因爲一分開，則它們所指的對象就比「馬」字所指的爲少。合起來則所指的對象包含各種顏色的馬在內，因此與「馬」所指的完全相同。可見，你剛才的論證不能成立。其實，我也一直未提出令你滿意的論證。現在就提出一個一定能說服你的論證。剛才我們一致同意：有白馬，則必定有馬。是不是？

孔　穿：是的。

公孫龍：我們能不能因而主張：有白馬，則必定有黃馬。

孔　穿：不行。

公孫龍：可見，有馬和有黃馬是兩回事吧？

孔　穿：是的。

公孫龍：那麼，黃馬就不是馬了。因爲如果黃馬是馬，則有黃馬和有馬是一回事。黃馬旣不是馬，則同理白馬也不是馬。

孔　穿：你說如果黃馬是馬，則有黃馬和有馬是一回事。這是什麼理由。

公孫龍：因爲如果黃馬是馬，則任何句子中的「黃馬」兩字都可改成「馬」，「馬」也可改成「黃馬」，而不致影響句子的眞假。

孔　穿：那必須「黃馬」與「馬」兩詞所指的對象完全相同，才可如此互相代換。僅知黃馬是馬，還不能如此代換。

公孫龍：我所謂「甲是乙」意思就是甲和乙所指的對象完全相同。

孔　穿：那麼，你所謂「白馬非馬」只不過是說「白馬」和「馬」兩詞所指的對象不完全相同而已。

公孫龍：是呀！我從頭到尾都是這個意思。難道你的意思不是這樣嗎？

孔　穿：不是，我所謂「甲是乙」意思是說：甲所指的對象同時也是乙所指的對象；但乙所指的對象倒不一定是甲所指的對象。我也是從頭到尾都是這個意思。

公孫龍：天啊！原來我們爭論的不是同一個問題。如果按照你的用語，我同意白馬是馬；因爲白馬確是馬的部分集合。

孔　穿：如果按照你的用語，我也同意白馬非馬。因爲白馬與馬不是相同的集合。

原載「現代學苑」第十卷第七期（一九七三、七、十）

科學說明（註一）

第一節　前言

當我們對這個世界還不太熟悉的時候，常常喜歡針對某一個現象追根究底地向大人盤問：

「火車為什麼會動？」

「它是用蒸汽的力量推動的。」

「蒸汽為什麼會有這麼大的力量？」

「就像開水沸騰時將壺蓋頂起的情形一樣，蒸汽是有力量推動物體的。」

「開水沸騰為什麼會把壺蓋頂起？」

「不要老是問個不停，你將來長大了，自然就會明白。」

孩子的疑問還沒有解決，但大人已開始不耐煩了。孩子如果不識趣，還要盤問下去，大人就要老羞成怒了。如果這個大人的科學知識稍微豐富一點，也許會說明得詳細些，或多回答幾個問題，但是仍然無法讓孩子滿意。因爲小孩子對一切現象都非常生疏，對於每一個現象都要追問其所以然的道理。等到我們年紀稍長，對這個世界已逐漸熟悉。於是，以前覺得新鮮稀奇的現象，已經有了一種親切之感，認爲理所當然，無須深究。這個時候，只有那些不常見（也就是說，我們還不太熟悉）的現象，纔會引起我們的好奇心。例如：我們對火車蒸汽機的原理還不太明瞭，如果書上告訴我們說：跟開水沸騰頂起壺蓋的原理一樣，我們就滿意了。因爲我們對開水沸騰的現象已經非常熟悉。由此可見，我們平常說明某一現象的時候，只是以比較熟悉的現象來說明比較生疏的現象而已。而對於那些極爲熟悉的現象，我們也並未眞正知道其所以然的道理（例如：開水沸騰，何以會將壺蓋頂起？），只是司空見慣，習以爲常罷了。（註二）

現在，我們可以替「爲什麼？」一詞在日常語言中的意義，做較明確的敍述：

在日常語言中，當我們發問：「爲什麼會發生現象A？」的時候，我們的意思是要對方提出一個比較熟悉的現象B來說明現象A。

換句話說，如果有人能够提出一個現象B來說明現象A，而我們對現象B比現象A較爲熟悉；那麼這個人就算是回答了「為什麼會發生現象A？」這個問題。

以上所說的是「為什麼？」一詞在日常語言中的意義。在科學上，「為什麼？」一詞的意義並不相同。換句話說，當我們要對「為什麼會發生現象A？」做科學說明的時候，並不能以較熟悉的現象B來說明。關於這一點，我們只要考慮下列三點，就可明瞭：

(1)**對於某一個現象**　每一個人的熟悉程度不一定相同，甲對現象A不太熟悉，對現象B比較熟悉。因此，如果以現象B來說明現象A，甲即能滿意。反之，乙對現象A非常熟悉，而對現象B卻極生疏。因此，如果以現象B來說明現象A，則對乙來說，是以比較生疏的現象來說明比較熟悉的現象。換句話說，對甲來說是切當的說明，對乙卻未必切當。

如果科學上也採用這種說明的方法（即以較熟悉的現象說明較生疏的現象的方法），則科學說明(scientific explanation)的切當性將因人而異，以致喪失科學的客觀性質。

(2)**科學說明的目的**　在建立一些普遍的定律，做為預測未來現象的準則。科學如果沒有相當的預測效能，則將喪失其存在的價值。以較熟悉的現象來說明較生疏的現象，只能使我們對生疏的現象也產生親切熟悉之感，並不能幫助我們做有效的預測。

(3)**在科學上**　以較生疏的現象來說明較熟悉的現象的例子，眞是屢見不鮮。例如：蘋果落地的現象，對我們來說太熟悉了；但是物體互相吸引的現象，我們卻非常生疏。然而，在科學上，卻以萬有引力的現象來說明蘋果落地的現象。可見科學上說明現象的方法，與上述的方法不同。

科學說明的方法既與上述的方法不同，那麼科學說明的方法如何呢？切當的科學說明須具備那些條件？也就是說，在科學上，如何纔算正確地回答：「爲什麼會發生現象A？」這個問題？本文的目的，就是要對這些問題做一個簡單的分析。

第二節　幾個實例的考察

讓我們先來考察幾個科學說明的實例；然後根據這些例子，分析科學說明的基本模型，以及它必須具備的條件。

〔例一〕把冰塊放進玻璃杯，不久玻璃杯的外面就會產生一些水份。這是爲什麼呢？對於這個現象，我們可以說明如下：

玻璃杯裝了冰塊之後，它的溫度就會下降；空氣中含有水蒸汽；水蒸汽接觸到相當低溫的表面就會凝結成液體。因此，玻璃杯週圍的空氣中的水蒸汽接觸到冷玻璃杯，就凝結成液體附着於玻璃杯上。

〔例二〕把水銀溫度計插入熱水之內，溫度計內的水銀柱會先下降少許，然後急劇地上昇。這個現象可說明如下：

溫度計插入熱水之中，首先與熱水接觸的是溫度計的玻璃管。玻璃管因受熱而膨脹，其容積也隨著增大。因此，水銀柱卽行下降。片刻之後，熱水的熱經玻璃的傳導，到達玻璃管內的水銀。因爲水銀的膨脹係數比玻璃大得多，因此受熱之後卽急劇上昇，玻璃管容積的增大無法抵消水銀柱的膨脹。

我們細心地考察上面兩個例子，就會發現：當我們對某一現象做科學說明的時候，必須利用普遍定律（general law）。在第一個例子中，我們至少利用到下列幾個普遍定律：

(1)玻璃會傳遞熱；
(2)空氣中含有水蒸汽；
(3)水蒸汽遇冷會凝結成液體。

第二個例子用到下列的普遍定律：

(1)玻璃會傳遞熱；
(2)物體遇熱會膨脹；
(3)水銀的膨脹係數比玻璃大。

說明某一現象時，雖然必須利用一些普遍定律；但是單靠普遍定律並不能說明現象。比如：在第二個例子中，只從上面所列舉的三個普遍定律，並不能推出「水銀柱先下降，然後上昇」的結論。要得到這個結論，必須具備若干條件。這些條件是：

⑴這個溫度計是一個裝有水銀的玻璃管；

⑵溫度計被挿入熱水之內。

這些條件如果不具備，則儘管上面那三個普遍定律能够成立，也不會發生水銀柱先下降後上昇的現象。例如：假如條件⑵不具備，則溫度計仍然隨著外界空氣的溫度而昇降，不一定會發生先下降後上昇的現象。假如條件⑴不具備（比如說：玻璃管內裝的不是水銀，而是比玻璃的膨脹係數小的液體；或者溫度計的管子不是用玻璃，而是用比水銀的膨脹係數更大的物質做成的。）那麼即使普遍定律⑶能够成立，管內的液體下降之後不一定會上昇。

上面所說的這些條件，都必須在現象發生之前即已具備，至遲也必須在現象發生之時同時具備；否則該現象即不一定會發生。因此，這些條件，我們稱之爲「先行條件」(antecedent condition)。

爲了敍述的方便起見，我們約定以 $L_1, L_2, L_3, \ldots\ldots$ 表示普遍定律；以 $C_1, C_2, C_3, \ldots\ldots$ 表示先行條件。如果以普遍定律 $L_1, L_2, L_3, \ldots\ldots, L_n$ 和先行條件 $C_1, C_2, C_3, \ldots\ldots C_m$ 爲前提，可以推出「現象A會發生」的結論，則我們只將 $L_1, L_2, L_3, \ldots\ldots L_n, C_1, C_2, C_3, \ldots\ldots C_m$ 和推論的過程列出，就算回答了「現象A何以會發生？」的問題。

換句話說，在科學上，問我們「爲什麼會發生現象A？」意思是要我們回答：根據那些普遍定律及先行條件，經過如何的推論程序，可以得到「現象A會發生」的結論。

到此爲止，我們用「現象」一詞，僅指某一特定的單獨事件而言，亦即在某一特定時空所發生的單獨事件，例如：民國五十六年六月二十六日（星期一）上午十時，在建國中學的化學實驗室，張芳仁手中的那支溫度計插入熱水之後，先下降少許然後急劇上昇。說明這種單獨事件，必須要用到先行條件。因爲普遍定律必定是全稱條件句 (universal conditional)，如：「所有的A是B」或「不論x爲何，若x是A，則x是B」，寫成邏輯式即爲 $(x)(Ax \rightarrow Bx)$。敍述單獨事件的語句必定是單稱語句 (singular sentence)，所謂「單稱語句」是指不含個體變項 (individual variable)、量化詞 (quantifier) 及語句連詞 (sentential connective) 的語句，如：「a是A」、「這溫度計的水銀柱在民國五十六年六月二十六日上午十時開始下降。」在邏輯上，從一個或數個全稱條件句無法推出單稱語句。要從全稱條件句推出單稱語句，至少必須用到一個單稱語句爲前提，例如：從 $(x)(Ax \rightarrow Bx)$ 及 Aa 可推出 Ba；或從 $(x)(Ax \rightarrow Bx)$, $(x)(Bx \rightarrow Cx)$, $(x)(Cx \rightarrow Dx)$ 及 Aa 可推出 Da。因此，要從普遍定律推出某一單獨事件會發生的結論，則至少必須有一個單稱語句爲前提，這個單稱語句就是先行條件。

如果我們所要說明的現象，其本身即是普遍定律，而非單獨事件，則不必要先行條件。因爲從數個全稱條件句可推出一個全稱條件句，例如：從 $(x)(Ax \rightarrow Bx)$, $(x)(Bx \rightarrow Cx)$, $(x)(Cx \rightarrow Dx)$可推出$(x)(Ax \rightarrow Dx)$，而無須有單稱語句爲前提。這也就是說：利用普遍定律即可說明普遍定律。例如：伽利略自由落體運動的定律可用牛頓的運動律及萬有引力定律來說明。

第三節　科學說明的基本模型及其切當條件

上一節已經約略的談到科學說明的基本模型(the basic pattern of scientific explanation)，現在讓我們再重覆一遍：

當我們要對「現象A何以會發生?」這一問題做科學說明時，須要列出下列三項：

(1)普遍定律；

(2)先行條件；

(3)以(1)、(2)爲前提，「現象A會發生」爲結論的推論過程。

我們如能指出一個切當的科學說明須具備那些條件，就能對這個模型有較進一步的瞭解，這是本節所要討論的。

一個科學說明，如果具備下列條件，就是切當的說明；否則即不切當。這些條件叫做「科學說明的切當條件 (condition of adequacy)」。

⑴以普遍定律及先行條件爲前提，必須能推論出「現象A會發生」的結論。換句話說，由前提到結論的推論必須是正確的。但是，那一種推論是正確的，那一種推論是錯誤的呢？

邏輯是一門研究推論的學科，它替我們設計一套推論的規則 (rules of inference)，我們如果遵照這一套規則來從事推論，則決不會從眞的前提推論出假的結論（註三）。換句話說，如果在推論的過程中完全遵照推論規則，那麼前提眞，則結論也必定眞；決不可能發生前提眞而結論假的情形。如果不遵照推論規則，則可能發生前提眞而結論假的情形；也就是說，可能從眞的前提推論出假的結論。

如果推論的過程中，完全遵照推論的規則，那麼這個推論就是正確的；否則就是錯誤的。

由上面的敍述，我們可以看出：在一個正確的推論中，如果前提眞，則可以保證結論也必定眞；反之，在一個錯誤的推論中，即使前提眞，也不能保證結論必定眞。

在一個科學說明中，以普遍定律與先行條件爲前提，推論出「現象A會發生」的結論。推論如果正確，則只要普遍定律與先行條件爲眞，結論「現象A發生」也必定眞；換句話說，現象A之所以會發生乃是普遍定律與先行條件的必然結論。反之，推論如果錯誤，則即使普遍定律與先行條件都是眞的，結論「現象A會發生」也不必定眞。普遍定律與先行條件之爲眞，既然不能保證結論「現象A會發生」必定眞，則普遍定律與先行條件決不是發生現象A的眞正原因。因而，這個科學說明就不是切當的說明。

(2)對現象A之所以會發生，做科學說明時，必須列出普遍定律。我們在前面說過：科學說明的目的，在建立一些普遍定律，做爲預測未來現象的準則。同時，也只有建立少數普遍定律，使得錯綜繁複的現象皆可利用這些定律來說明，纔能够把零碎的知識整理成有系統的科學知識。所以，對任何現象做科學說明時，一定要列出普遍定律，否則即喪失科學說明的意義及功能。

然而，先行條件却非絕對必要的。我們在上面已經說過：我們要說明的現象如果是一個單獨事件，則一定要列出先行條件；反之，如果我們要說明的現象本身是一個普遍定律，則不必列出先行條件。

再者，所列出的普遍定律與先行條件，必須是推論出結論「現象A發生」的必要前提。如果從普遍定律L_1, L_2, L_3, L_4 及先行條件 C_1, C_2, C_3, 卽可推論出結論「現象A會發生」；而我們所列出的普遍定律及先行條件有$L_1, L_2, L_3, L_4, L_5, L_6$及$C_1, C_2, C_3, C_4$,，則 L_5, L_6, C_4 卽爲多餘的，它們並不是結論的必要前提。(註四)

(3)普遍定律與先行條件必須有經驗內容(empirical content)。邏輯經驗論者(logical empiricist)最喜歡强調這一點。他們把語句分爲(1)分析的 (analytic)與(2)經驗的 (empirical)兩種。分析語句包括恆眞句與矛盾句，它們之爲眞爲假完全是根據我們語言規則(如邏輯、語意規則)

的約定而來。同時，它們也不斷說任何經驗事實。邏輯、數學中的命辭屬於此類。經驗語句的眞假則必須根據經驗事實來判斷，而不能僅憑語言規則的約定。換句話說，它們對經驗事實有所斷說。物理學、化學、社會學……等學科中的命辭，以及一切報導事實的語句均屬此類。一個語句如果既不是分析語句，又不是經驗語句，則無意義。如玄學中的命辭。

所謂「普遍定律與先行條件必須有經驗內容」，意思是說：普遍定律與先行條件對經驗事實必須有所斷說，而它們的眞假也可根據經驗事實來判斷。

我們不一定完全贊同邏輯經驗論的學說，但至少在科學說明的場合，普遍定律與先行條件必須有經驗內容一點，却是無可爭議的。第⑴個條件要求：現象A之發生可由普遍定律與先行條件推論出來。而現象A之發生乃是一經驗事實，可憑經驗事實以驗其眞假。可見普遍定律與先行條件必須有經驗內容，已隱含於第⑴條件之中，只是未明白說出而已。我們在此將這一點明白說出，並加以强調，其目的在指出：科學說明不同於毫無認知意義 (cognitive meaning) 的玄學系統；也不像數學、邏輯等毫不指涉經驗事實的純演繹系統。科學知識歸根究底須乞靈於我們的感官經驗。（註五）

⑷所列出的普遍定律與先行條件必須是眞的。如果有一個普遍定律或先行條件是假的，則雖然推論正確，也不是切當的說明。因爲前提假，推論正確，結論不一定眞；即使結論眞，也只是

偶然的，並不是必然的。關於這一點，用實例來解說，也許比較容易瞭解。

例如：我們要為「某甲死亡」這一現象尋求科學說明。我們可以做如下的推斷。

前提：
- 普遍定律：凡患肝癌者都會死亡。
- 先行條件：甲患了肝癌。

結論：甲會死亡。

上面的推論是完全正確的，但並不一定是切當的說明。如果經過醫生檢查的結果，甲並未患肝癌；換句話說，先行條件是假的，那麼上面的說明就不切當。因為肝癌並不是甲的死因；只是由前提所推論出來的結論，恰巧與事實符合而已。

上面四個切當條件中，(1)~(3)叫做「切當的邏輯條件」(logical conditions of adequacy，)因為某一結論能否從某些普遍定律與先行條件推論出來，某一前提是否為普遍定律，某一前提對某一結論是否必要，從某些前提能否推論出斷說經驗事實的語句，等等問題都是純邏輯問題，無須根據經驗事實來判斷。反之，條件(4)，某一普遍定律或先行條件的眞假，則不能僅憑邏輯來判斷，而必須由經驗事實來驗證。因此，條件(4)叫做「切當的經驗條件」(empirical condition of adequacy)。

現在，我們將科學說明的模型畫成一個簡明的圖表：

推論
- 前提：
  - $L_1, L_2, L_3, L_4, \cdots\cdots L_n$ 普遍定律
  - $C_1, C_2, C_3, C_4, \cdots\cdots C_m$ 先行條件
- → 結論：現象A會發生。

一個科學說明，只要符合上面的模型，並且具備上列的四個條件，就是一個切當的說明；不然則否。至於我們對於普遍定律與先行條件是否較現象A更為熟悉，則與說明的切當與否無關。

此處須附帶說明一點，即：科學預測 (scientific prediction) 的基本模型及其必備條件，與科學說明完全相同。在現象A尚未發生之前，或者在我們尚未知悉現象A是否發生之時，即根據普遍定律與先行條件，推斷現象A必定會發生。這叫做「科學預測」。反之，在知悉現象A已經發生之後，再去尋求普遍定律與先行條件，使得現象A之發生，可以從這些普遍定律與先行條件推論出來。這叫做「科學說明」。

我們之所以要求科學說明必須符合上述的模型，具備上述的切當條件，正是因為它具有預測的效能。科學的目的不僅是記述現象，而是要尋求普遍定律，用以說明已經發生的現象，預測未來的現象；並在某種範圍之內，控制或促成未來的現象，使我們週圍的環境更符合我們的理想。

從上面的分析，我們可以看出：未經整理，毫無系統的零碎知識，只適宜做茶餘飯後的閒談資料；對於我們生活的改善及智慧的增進，都沒有多大的助益。很遺憾的是：我們目前的教育制

度，正朝着這個錯誤的方向邁進。

第四節　不完全說明

我們平常做科學說明，並不一定將普遍定律、先行條件及推論過程完全列出，我們往往將明顯的項目加以省略。請考慮下面的例子：

甲問：「這塊鐵剛剛從盒子裏拿出來的，現在為什麼裝不進去了？」

乙答：「你剛纔離開的時候，我用火烤了一下。」

乙的說明省略了普遍定律：「任何物體加熱都會膨脹。」如果乙確知甲懂得該普遍定律，當然可以省略。只要將省略掉的項目添補之後，仍然是個完全的說明。但是，如果認為科學說明可以不要普遍定律，那就錯了。對於不知道熱膨脹定律的人，乙的說明並不完全。

另外有一種不完全的說明，並非由於對明顯項目的省略，而是由於知識的不足。例如：對於不堪造就的問題學生，我們總喜歡套一個現成的公式：「家教不嚴」。然而，那一種管教方式會產生問題學生？怎麼樣的家庭環境會養成那一類習性？……等問題我們所知極為有限。我們還無法歸納出普遍定律，使我們能夠從已知的先行條件推論出「某甲喜歡逃學」的結論。既然如此，則這種說明並沒有說明力，只是提供我們進一步探究的線索，以期將來能提出一個完全的說明而已。

我們上面說過：說明與預測的模型與條件完全相同。因此完全的說明必須具有預測的效能。說明力與預測力是同一回事。如果我們對某一學生是否會參加幫會組織，事前毫無預測的能力，等到事情發生了，纔舉出許多理由，說明事情之所以發生的道理。那麼，這種說明即不會是完全的說明。然而，有一點要注意的：如果我們事前對該學生的各種資料（即先行條件）並未蒐集，等到事情發生之後纔獲得許多有關的重要資料，因而可做完全的說明。那麼，這乃是由於先行條件的增加，不能認爲是具有說明力而無預測力。如果這些資料（即先行條件）在事情未發生之前即已獲得，則我們同樣可以做有效的預測，無須等到事後方纔加以說明。

註一　本文是根據Carl G. Hempel與Paul Oppenheim兩人合著的論文‘The Logic of Explanation’中的第一部分‘Elementary Survey of Scientific Explanation’改寫而成的。爲使更多的讀者易於瞭解，筆者做了如下的變動：①以筆者認爲最易瞭解的方式來敍述，因此各論點敍述的前後順序不一定與原文相符。②添加一些淺顯的實例，以幫助讀者的瞭解。③原文敍述過於簡略的地方，筆者做了較詳細的闡釋。④在適當的地方，筆者也根據自己的淺見做進一步的發揮。

註二　小孩子的好奇心往往比成年人强烈，其原因即在於此。孩子的理解力總是隨著年齡而增强。但是，有時並非理解力的眞正增强，而只是好奇心的減弱而已。

年歲愈大，見聞愈廣，則「習爲固常，見怪不怪」的現象也就愈多。因此，對於任何現象，只要能夠利用他們已經熟悉的現象來類比或說明，他們就點首示意，表示理解。老師們却誤認爲孩子的理解力已經提高了，高興的不得了，這是很可笑的事。

下面是最常見的一個例子：

代數老師在講台上費盡了口舌，說明負數相乘何以會得到正數的道理，初一學生始終聽不懂。老師無可奈何，只好說：「你們記得『同號相乘得正，異號相乘得負』就好了。它們的道理，以後慢慢就會瞭解。」過了一年之後，學生們對正負數的演算已相當熟悉，老師就問學生：「現在你們總明白負數相乘何以會得出正數的道理了吧！」學生們異口同聲的回答：「懂了！」老師非常高興：「這些孩子果然比一年前聰明多了。」對自己的教導有方也極爲得意。其實，學生仍然不明白$(-2)(-3)=6$的道理，只是這種演算做的太多了，以爲理所當然無須深究而已。我們要特別强調一點：熟悉並不等於理解，有時甚至是理解的障礙。

註三 一個句子所敍述的事態與事實相符，則這個句子是眞的(true)；否則就是假的(false)。例如：「雪是白的」這個句子是眞的，因爲事實上雪確是白的。「雪是紅的」這個句子是假的，因爲事實上雪不是紅的。

註四 $L_1, L_2, L_3, \cdots\cdots Ln$與$C_1, C_2, C_3, \cdots\cdots Cm$可推論出「現象A會發生」，則我們說$C_1, C_2, C_3, \cdots\cdots Cm$是現象A的成因(cause)。但是，如果我們不限制所列出的先行條件一定是推論出「現象A會發生」的必要

前提，則往往會把跟現象A毫不相干的事件也看成現象A的成因。例如：

前提 普遍定律：凡患肝癌者都會死亡。
　　 先行條件：甲患了肝癌。

結論：甲會死亡。

如果不限制先行條件是結論的必要前提，則我們可以隨便加上毫不相干的先行條件，變成：

前提 普遍定律：凡患肝癌者都會死亡。
　　 先行條件 甲患了肝癌。
　　 　　　　 甲是中國人。

結論：甲會死亡。

這樣，我們豈不是把毫不相干的條件「甲是中國人」當做甲死亡的成因之一？

此處須附帶說明一點，即：如果從 $P_1, P_2, P_3, \cdots\cdots P_k$ 可推論出Q，則從 $P_1, P_2, P_3, \cdots\cdots P_k, P_{k+1}, \cdots\cdots P_m (m \geqq k)$ 也可推論出Q。換言之，設A、B皆為語句的集合：如果A為B的部份集合(subset)，且Q可從A推出，則Q可從B推出。

亦即：

如果 $A \subset B$，且 $A \vdash Q$，則 $B \vdash R$。

多餘的（亦即非必要的）普遍定律也會引起困擾。如果由 L_1, L_2, L_3 及 C_1, C_2 所推論出的結論與事實不符，而又確知C_1, C_2為眞，則 L_1, L_2, L_3 三普遍定律中至少有一個是假的，而必須加以修正或推翻。如果L_3並非結論的必要前提，則L_3之可靠性並不因結論與事實不符而受影響。此時，須要修正或推翻的定律只有L_1或L_2了。

反之，如果L_1, L_2, L_3之中有一定律被修正或推翻，則由L_1, L_2, L_3及 C_1, C_2 所推論出的結論即不一定是眞的。但是，如果被修正或推翻的定律L_3並非結論的必要前提，則結論即不致受到影響。

註五 請參閱Rudolf Carnap, Testability and Meaning

原載於「東方雜誌」復刊第卷第三期（一九六八、九、一）

卡納普的意義標準

每個人都會經聽到或看到一些自己認爲沒有意義的語句。有些語句是任何人都認爲有意義的，有些語句是任何人都認爲沒有意義的。另外有些語句是有些人認爲有意義而有些人認爲沒有意義的；換言之，這些語句是否有意義，大家的意見並不完全一致。例如：維也納學派的哲學家認爲形上學的語句沒有意義；而其他派別的哲學家並不一定贊同。再如：同樣是維也納學派的哲學家，施里克 (M. Schlick) 認爲全稱語句 (universal sentence) 沒有意義，卡納普最初也持相同的看法；但一九三六年以後，卡納普修正了早期的觀點，承認全稱語句是有意義的。

到底怎樣的語句是有意義的？怎樣的語句是沒有意義的？我們根據什麼標準來判斷一個語句是否有意義？這個問題是近四十年來解析哲學中的重要論題之一。很多哲學家都提出自己認爲正確的標準；但是，沒有一個標準是大部分哲學家所贊同的。本文的目的是要把卡納普對此問題的看法做簡明的敍述。

像大部分的經驗論者一樣，卡納普把有意義的語句分爲解析語句 (analytic sentence)、矛盾語句 (contradictory sentence)、和經驗語句 (empirical sentence)。所謂「解析語句」是必然爲眞的語句；只要解析該語句的意義卽可斷定其爲眞，而不必知道其他任何經驗事實；換言之，這種語句之爲眞與任何經驗事實無關。因此，這種語句也就沒有報導任何經驗事實。所謂「矛盾語句」是必然爲假的語句；只要解析該語句的意義卽可斷定其爲假，而不必知道其他任何經驗事實；換言之，這種語句之爲假與任何經驗事實無關。所謂「經驗語句」是旣不必然爲眞又不必然爲假的語句；只解析語句的意義而不知道其他經驗事實，無法判斷其眞假；換言之，這種語句的眞假是要依據經驗事實來判斷的。可見，這種語句報導了經驗事實，而具有經驗意義。一個語句若不是只解析該語句的意義卽可判斷其眞假，換言之，旣不是解析語句又不是矛盾語句，則必須報導經驗事實而爲經驗語句；否則，就是沒有意義的語句。邏輯實證論者（邏輯實證論爲經驗論的派別之一，維也納學派爲此派的創始者，而卡納普是其領導人之一）認爲形上學的語句以及道德命題就是這種沒有意義的語句。

有些學者（例如：美國邏輯家 W. V. Quine）不承認解析語句與經驗語句之間有明確的界

線，而可做截然的劃分。但這個問題至少在某一特定的形式化的語言系統之中，是不會引起爭論的。本文所要討論的是：經驗語句與無意義語句之間的界線。

卡納普認為：一個語句有無意義，必須在某一特定的語言系統之中，纔能判斷。一個語句，可能在某一語言系統中有意義，而在另一語言系統中是沒有意義的。例如：一個英文語句在中文裏就不是一個有意義的語句，它根本不是中文裏的語句。一個理想的語言系統，必須有明確的語法規則，使我們能夠依據這些規則來判斷任意一串符號是否為該語言系統中的語句；而且只要是合乎該語言系統中的語法規則的語句，就是該語言系統中有意義的語句；否則，即為無意義的一串符號而已。一個語言系統，如果合乎這項理想，則所謂「語句」必定有意義，而沒有意義的一串符號就不能稱之為「語句」；因此，也就沒有所謂「無意義的語句」。自然語句，例如：英文、中文、德文等等，不但沒有如此明確的語法規則，而且有些合文法的語句竟然是無意義的；因此，在自然語言中，也就有所謂「無意義的語句」。

因為自然語言的語法規則不夠明確；因此，在比較嚴格的學科之中（例如：數學、邏輯、物理學等等），我們往往特地設計一套語言系統。在這種特製的語言系統之中，雖然不定把語法規則明白列出；然而，一串符號是否為有意義的語句，往往非常明確。大體上，只要是該語言系統中的語句或句式 (Formula) 就是有意義的。如果要使這種特製語言的語法規則絕對明確，那麼，在設計語言系統時，就必須把語法規則明白列出；而語法規則必須包含下列兩項：

(1)在此語言系統中所要使用的字彙或符號；

(2)上項字彙或符號要如何排列纔會成爲此系統中的語句或句式。

爲了使語法規則絕對明確，我們要求語法規則滿足下列的條件：

(1)某一符號是否爲該語言系統中所要使用的字彙或符號，必須能够從符號的外型來辨認；

(2)由該語言系統中的符號所連成的一串符號是否爲該系統中的語句或句式，只要按照固定的程序，施行有限的步驟，就能加以判斷。

一個語言系統的語法規則，若滿足上述條件，則當我們要判斷某一串符號是否爲該語言系統中的語句或句式時，只要從這一串符號的形式卽可判斷，而不必知道這些符號的意義。因此，這樣的語言系統叫做「形式化的語言系統」(formalized language system)。在形式化的語言系統之中，不但有明確的規則可以使我們從形式上來判斷任意一串符號是否爲該系統中的句式，而且還有一套明確的規則可以使我們從形式上來判斷任意一個句式是否爲該系統中可以成立的句式。因此，還必須有下列兩項規則：

(3)在此語言系統中無須證明卽可成立的句式，亦卽此系統中的公理或公設；

(4)推論規則，規定從那一種形式的句式可推出何種形式的句式。

很明顯的，要判斷某一個句式是否可以成立，必須知道有那些公理以及那些推論規則。在語言系統L_1中可以成立的句式，在另一語言系統L_2中不一定可以成立；因為L_1和L_2的公理和推論規則不一定完全相同。例如：在 G. Frege 的系統中 $(\exists y)(x)(x \in y \equiv x \notin y)$ 是可以成立的；而在別的集合論系統，例如：Von Neumann 系統中却不能成立。因此，如果沒有指明是在那一系統之內，而追問某一句式是否成立；嚴格的說，這個問題是無法回答的。同樣的，要判斷某一串符號是否為有意義的句式，也必須知道語法規則是如何規定的。在語言系統L_1中的句式，在另一語言系統L_2中不一定是一個句式；因為L_1和L_2的語法規則不一定完全相同。例如：有些語意學系統，為了避免 Paradox 的產生，不允許任何語句指涉其本身；因此，按照該系統的語法規則，任何指涉本身的語句，如：

（S）我現在說的這句話是以前沒有說過的。

就不是該系統的語句。反之，有些語意系統却允許語句指涉其本身；因而（S）即為此系統中的語句。可見，若不指明是在那一系統之內，而追問某一串符號是否為有意義的語句或句式；嚴格的說，也是無法回答的。卡納普認為一串符號是否有意義，一個語句是否成立，這些問題必針對某一特定的形式化語言系統來講，纔能做明確的回答。

因此，按照卡納普的看法，一串符號是否為有意義的語句，這個問題必須在決定採用怎麼樣的語言系統之後，纔能追問；在尚未決定採用怎麼樣的語言系統之前，只能追問：我們是否要使某一串符號成爲有意義的語句？換言之，當我們設計語法規則時，是否要使該串符號成爲合乎語法規則的語句？可見，在尚未決定採用那一種語言系統之前，某一串符號是否爲有意義的語句，是由設計語言系統的人來決定的。設計者可以根據這套語言系統的目的，而決定設計怎麼樣的語法規則。例如：在會計學上使用的語言系統中，可以不必要引進虛數的觀念；因此，我們設計會計學所要使用的語言系統時，就不必承認虛數的符號是有意義的符號。又如：在物理學上使用的語言系統，只須有個體變元 (individual variable)，而不必有述詞變元 (predicate variable)。可見，我們所設計的語言系統，只有相對於我們的目的來講合用不合用或方便不方便的問題，沒有對錯或眞假的問題。在某一個語言系統L中，若其語法規則允許某一串符號S成爲L中的有意義的語句，則我們只能追問：把S當做有意義的語句是否方便？有無必要？我們不能追問：這樣規定對不對？我們知道，即使相對於同樣一個目的，兩個語言系統，到底那一個較爲合用，也很難做明確的比較；有時甚至任何人都會承認這兩個語言系統的方便程度是難分軒輊的。在此情形下，我們選擇語言系統時，可以有高度的自由。反之，一旦已經決定採用某一語言系統L，則某一串符號S是否爲有意義的語句，就可依據語法規則做明確的判斷。在此情形下，我們若追問：S是否爲有意義的語句？則此問題的含意是：S是否合乎語法規則？

假如我們接受上述的觀點，則當我們要設定一個意義標準，用來判斷一個語句是否具有經驗意義時，我們所考慮的是：一個語言系統至少須要合乎那些條件，纔便於用來敍述經驗事實。卡納普認為：一個語言系統若要用來敍述經驗事實，最起碼要滿足下面兩個條件：

a.該語言系統中的基本述詞 (primitive predicate) 必須是可觀察述詞 (observable predicate)；

b.該語言系統中所出現的述詞，必須可化約為 (reducible to) 基本述詞。

若連這兩個條件都不能滿足，則該語言系統中語句的眞假就不能與我們最直接的經驗發生關聯，因而也就沒有報導或敍述經驗事實。本文因限於篇幅，無法對 a、b 兩個條件加以說明；其中牽涉到的一些專門問題，不是任何短文所能說清楚的，對這些問題有興趣的讀者，請細讀卡納普的兩篇論文：(1) *Testability and Meaning* 及(2) *The Methodological Character of Theoretical Concepts*。

最後，我願意指出：早在一九三六年，卡納普發表 "*Testability and Meaning*" 的時候，對於意義標準的問題就已採取本文所介紹的觀點，已經沒有一九三二年發表 "*The Elimination of Metaphysics Through Logical Analysis of Language*" 時那種强烈的反形上學態度，只認為形上學中的語句沒有報導經驗事實而已，並非沒有意義。我們相信，卡納普直到逝世為止，內心之中一直是反形上學的；但是在理論上他發現並沒有很堅强的理由，因此也就不堅持要取消形上學。自從離開維也納以後，他用理智抑制反形上學的情緒，把全部時間從事於建設性的工作，例如：語意義、或然率理論、歸納法等問體的探討。這些建設性的工作纔是卡納普的重要成就；而爲人所津津樂道的反傳統哲學活動，反而只是他思想發展中的初步過程而已。激進的思想往往令人着迷，而精密的思考纔能接近眞理。卡納普是一個小心翼翼的思想家，他渴望聽到別人的批評，甚至由於他人的批評而改變他思想中最基本的重要觀點。K. Popper 始終對卡納普的思想做嚴厲的批評，但是對卡納普在知識上的勇氣却備加贊揚。

原載台大「大學論壇」第32期卡納普紀念專欄（一九七〇、十二、十）

形上學的擯棄

一、可檢驗性

通常哲學所討論的問題，有各種極不相同的種類。照我的看法，我們可以把傳統哲學中的問題和學說區分爲三大類。爲了簡便起見，我們把這三個部門分別稱之爲「形上學」、「心理學」、和「邏輯」。其實，與其把它們當做三個互不相同的哲學領域，倒不如把它們看做三種互不相同的成分，較爲恰當。在大部分的哲學理論與哲學問題之中，都含有這三種成分，即：形上學的成分、心理學的成分、和邏輯的成分。

現在我們將從事於邏輯解析，這是屬於上述的第三個領域。邏輯解析的功用，是要解析一切知識，要對科學中和日常生活中的一切主張加以解析：以便釐清每一主張的意義，以及這些主張互相之間的關聯。當我們對某一個語句做邏輯解析時，主要的工作之一，就是要找出檢驗該語句的方法。也就是說，我們要問：是根據什麼理由而主張該語句？換言之，我們如何可以確定該語句的眞假？這個問題，哲學家稱之爲「知識論的問題」。知識論（卽有關知識的哲學問題）是邏輯解析的一部分，通常還牽涉到求知過程的心理學問題。

然則，一個語句要用什麼方法來檢驗呢？首先，我們把檢驗區分爲直接檢驗與間接檢驗兩種，如果我們所要檢驗的語句是敍述有關當前的知覺，例如：「我現在看到一塊紅色方形廣場在藍色的地面上」，則這個語句可直接用我現在的知覺來試驗。假如我現在確實看到一塊紅色方形廣場在藍色的地面上，則該語句就得到檢證；反之，假如我沒有看到這樣的廣場，則這個語句就被否證。當然，關於直接檢驗，還有一些重要的問題留待解決；但這不是我們現在所要討論的。我們現在所關心的是間接檢驗的問題。一個不能直接檢驗的語句P，只能間接加以檢驗，其方法如下：從P以及其他業經檢驗過的語句，導出一個能够直接檢驗的語句Q，然後對Q加以直接檢驗。

設有一語句P_1：「這枝鑰匙是鐵製的」。我們無法用當前的知覺對P_1直接加以檢驗：我們只能對它做間接的檢驗。有許多方法可用來間接檢驗P_1，其中之一是：我把這枝鑰匙放在磁鐵的旁邊，然後看它是否被吸引。其演繹如下：

前提：P_1：「這枝鑰匙是鐵製的。」這是我們所要檢驗的語句。

P_2：「若有一塊鐵製的東西放在磁鐵旁邊，一定會被吸引。」這個語句是業經檢驗的物理定律。

P_3：「這根鐵棒是磁鐵。」這是檢驗過的語句。

P_4：「這枝鑰匙正放在這根鐵棒的旁邊。」這個語句可用我們的觀察直接加以檢驗。

從這四個前提，我們可導出下面的結論：

P_5：「這枝鑰匙會被這根鐵棒吸引。」

P_5是一項預測，它的眞假可經由觀察而加以檢定。只要我們睜開眼睛去看，就可以觀察到是否有吸引的現象。如果有，則我們就找到了一個檢驗P_1的肯定個例；反之，若是沒有，則我們就找到一個否證P_1的反例。

當我們找到一個檢驗P_1的肯定個例時，檢定P_1的工作並未完成。我們可以一再的用磁鐵來檢定P_1的眞假；也就是說，我們可以從P_1以及類似P_2——P_4的前提導出類似P_5的結論。此外，我們還可以用電學試驗、力學試驗、化學試驗、以及光學試驗等等來檢定。如果在這些進一步的探究之中，一切個例也都是肯定的，則P_1的可靠性將逐漸增加。這樣繼續下去，我們不難達到一個實際上足令人以信賴的可靠程度；然而，絕對的可靠性是永遠無法獲得的。可以從P_1以及其他業經檢驗或可以直接檢驗的語句所導出的個例，在數量上是無限的。因此，永遠有可能在未來發現一個反例，不管這種可能性是如何微小。可見，對語句P_1永遠無法加以完全的檢驗。基於這個理由，P_1被稱爲「一項假設」。

我們上面所考慮的語句P_1，是敍述某一枝鑰匙如何。像這種只敍述某一特定事物或事件的語句，叫做「單稱語句」。另外有一種全稱語句，並不敍述某一特定的事物或事件如何，而是泛指任何時空中的一切事物或事件；亦即所謂「自然律」。可用來檢定這種全稱語句的個例，在數量上也是無限的；因而全稱語句也是一項假設。這種無法完全檢驗的特性與單稱語句並無不同，甚且更爲明顯。

科學上的任何主張P，都有如下的特徵：它必定是對當前的知覺或其他經驗有所敍述，因而可用這些知覺或經驗加以檢驗；否則，就必定可由P以及其他業已檢驗過的語句，導出敍述未來知覺的語句。如果從一個科學家所做的主張，居然導不出敍述知覺的語句，則我們對他的主張應做何批評？舉例言之，我們知道物理學上有所謂「引力場」，在引力場之內，物體會按照引力定律互相吸引。假定有一個科學家，不但主張有引力場的存在，而且還主張有所謂「浮力場」的存在。但是我們如果追問：按照他的理論，浮力場會有何種效果？他的回答居然是說：不會有任何可觀察的效果；換言之，他承認依據浮力場的主張不能導出敘述知覺的語句。對這樣的主張，我們可答覆如下：這種主張根本不是主張；它根本沒有說到任何事；它只是一串字，而無任何意義。

當然，這種主張可能引起某些想像與感觸。這在心理學上也許非常重要，但在邏輯上却不相干。一個語句之所以具有理論意義，不是因爲它能够導致想像和思慮，而是因爲有可能從它導出敘述知覺的語句，換言之，是因爲可能加以檢驗。要使一個語句具有意義，僅僅使它能够引起想像是不够的，甚且是不必要的。例如：對於電磁場與引力場，我們並未做任何眞實的想像。然而，物理學家用來敘述電磁和引力場的語句却有完整的意義；因爲從這些語句，可導出敘述知覺的語句。我剛才反對浮力場的主張，並不是因爲我們不知如何想像或設想這樣的場，而是因爲這種主張沒有告訴我們如何加以檢驗。

二、形上學

以上我們對物理學的語句做了邏輯解析，現在我們要解析形上學的語句。這種解析工作是屬於邏輯的範圍，亦卽上述哲學三部門中的第三部門；然而解析的對象却是屬於第一部門。一切敘述超越經驗知識的語句，例如：有關物本質、物自體、絕對等等的語句，我都稱之爲

「形上學語句」。有一種形上學理論，想要把各種科學知識領域之內的語句整理成最完善的體系。不管這種理論如何狂妄，必竟是屬於經驗科學的領域。因此，雖然這種理論有時也被稱爲「形上學理論」，但是我不把它歸入形上學之內。我所謂「形上學語句」到底是指那一類語句，不難從下列實例中看出：泰爾斯說：「世界的本質和原理是水」；希瑞克理塔斯認爲是「火」；安納庫希曼德認爲是「無限」；而畢達哥拉斯則認爲是「數」。柏拉圖的學說則認爲「一切事物都只不過是觀念的影像，這些觀念恆久不滅的存在於無時空的領域之中」。一元論者告訴我們：「支配萬物的原理只有一個」；但二元論者却認爲「有兩個原理」。唯物論者認爲「萬物的本質是物質」；而唯心論者却認爲是「精神」。此外，斯賓諾莎、謝林、黑格爾、以及現代的柏格森等人的主要學說，都是這種意義下的形上學。

現在我們要從可檢驗性的觀點來檢定這類形上學語句。我們不難看出：這類語句是無法檢驗的。從「世界的原理是水」這個語句，我們無法導出任何對未來知覺、感覺或經驗有所敍述的語句。因此「世界的原理是水」這句話實際上並未做任何主張。它與上述有關浮力場的語句完全類似，因而也同樣的沒有意義。毫無疑問的，這些主張水是世界原理的形上學家，必定有許多想像與此學說相關聯；但是，正如我們討論浮力場時所指出的，一個語句不會因爲有這些想像就具有意義。形上學家必定會寫出不可檢驗的語句；因爲如果他們所寫出的語句都是可以檢驗的，那麼他們學說的眞假就必須依據經驗來判斷，因此也就屬於經驗科學的領域。這個結果正是他們所要避免的，因爲他們總是要妄想教給世人一套比經驗科學更高層的知識。於是，他們不得不把他們的語句與經驗之間的關聯切斷；一旦切斷這個關聯，這些語句的意義也就同時被剝掉了。

三、眞實性的問題

到此爲止，我們所考慮的例子只限於通常被稱爲形上學的語句。我判斷這些語句不具任何經驗意義；這個判斷也許不致引起大大的驚異，甚且還可能被認爲是顯而易見的。現在，我還要對一些通常被認爲屬於知識的哲學學說做同樣的判斷。這個判斷恐怕較難得到讀者的贊同。這些通常被認爲是屬於知識論的學說，我也把它們歸入形上學之內；因爲從可檢驗性的觀點來看，它們與通常所謂的形上學學說並無不同。這些學說包括：實在論、觀念論、唯我論、實證論等等；它們的傳統形式都是主張或否認某些事物的眞實性。實在論者主張外在世界是眞實的；觀念論者則否認外在世界的眞實性。實在論者通常主張別人的心靈是眞實的；唯我論者則加以否認，而主張只有自己的心靈或意識纔是眞實的。現在我們要追問：這些主張有任何意義嗎？

也許有人會說：在經驗科學中，也往往主張某些事物眞實或不眞實；因此，這種主張必定是有意義的。話雖不錯，但我們必須把兩種互不相同的眞實性概念加以區別：一種出現於經驗語句之中，另一種則出現於哲學語句之中。當一個動物學家主張袋鼠是眞有其物時，他的意思是說：有這類東西存在；在適當的時間和地點，我們會找到這東西；換言之，在物理世界的時空系統中，有這類元素存在。這個主張當然是可檢驗的；任何動物學家，不管他是實在論者還是觀念論者，只要對這個主張做經驗上的考查，都會得到肯定的檢驗。對於某一種類的東西是否確實存在的問題，換言之，某一類元素是否可能出現於物理世界的系統中，實在論者與觀念論者的意見可以完全一致。他們只是對整個物理世界是否眞實的問題，意見不一致。然而，這個問題是沒有意義的。因爲所謂某一東西是否眞實，意即它是否可能安置於某一系統之中（例如：袋鼠是否可能安置於物理世界的時空系統之中）。因此，眞實性的問題必須針對某一系統來講纔有意義。我們若追問某一系統中是否有某元素或某類元素，則這個問題是有意義的；反之，若追問一個系統本身是否眞實，則無意義。

我們在第一節曾經以是否可導出敍述知覺的語句，來做爲判斷一個主張是否有意義的標準。適用這項標準來判斷，我們可獲得與上一段完全相同的結論。從袋鼠確實存在的主張，可以導出敍述知覺的語句；反之，從整個物理世界確實存在的主張，却導不出任何敍述知覺的語句；同樣的，從整個物理世界不眞實或不存在的主張，也導不出任何敍述知覺的語句。因此，這兩個相反的主張都沒有經驗的內容，不具任何意義。我們必須特別强調一點，就是：主張物理世界不眞實的學說，我們也認爲是沒有意義的。維也納學派的觀點有時被誤認爲是否認物理世界的眞實性，事實上我們並沒有做這樣的否認。我們確實對主張物理世界眞實存在的學說加以排斥；但是，我們並不認爲這個學說是假的，而是認爲它沒有意義；與這個學說相反的觀念論，我們也同樣加以排斥。我們既不主張也不否認這些學說，而是排斥它們所爭論的整個問題。

以上關於物理世界眞實性問題的一切考慮，同樣可以適用於其他有關眞實性的哲學問題，例如：別人心靈的眞實性、感覺始料的眞實性、共相的眞實性、性質的眞實性、關係的眞實性、以及數的眞實性等等。任何回答這些問題的哲學學說，不管是肯定的回答或是否定的回答，若把它加入一個科學假設系統之中，對此科學系統的效果毫無幫助；換言之，這些哲學學說無法幫助我們導出原來的科學系統所不能導出的對未來經驗的預測。可見，所有這些哲學學說都沒有經驗的內容，沒有理論的意義；它們徒有學說的外貌，而實際上並無內容，我們可稱之爲「擬似的學說」。

如果我上面的主張不錯，則有關眞實性的哲學問題與有關眞實性的經驗問題不同，而與上節所述的超經驗的形上學問題（其實不是眞正的問題，而只是擬似問題）具有相同的邏輯上的特徵，卽兩者都無經驗內容。因此，這些有關眞實性的哲學問題，雖然通常被認爲知識論的問題，我却把它們當做形上學問題。

雖然維也納學派有時也被認爲實證論者；但是，在本節第一段，我却把實證論也歸入沒有理論意義的形上學說之列。其實，把我們認爲實證論者是否妥當，頗值懷疑。傳統實證論的主要學說是主張：只有感覺始料纔是眞實的。但是，我們絕對沒有主張這樣的學說。把我們稱之爲「邏輯實證論」似乎較爲妥當，但仍然容易引起誤解。不管如何稱呼，有一點必須認清，就是：我們的學說是一個邏輯上的學說；而對於任何東西是否眞實的形上學學說，不做任何主張。至於所謂「邏輯上的學說」具有什麼特徵，後面幾章將會有清楚的說明。

四、倫理學

哲學中有一部門是某些哲學家認爲重要，而我們到此爲止尚未提到的，就是價值哲學；而道德哲學或倫理學是價值哲學中的主要部門。「倫理學」一詞有兩種不同的意義。第一種意義是指對人類行爲做經驗上的研究；特別是對於感覺和意志如何決定人類行爲，以及人類行爲如何互相影響等問題做心理學和社會學的研究。在此意義下，倫理學是一種經驗的、科學的研究，它屬於經驗科學而不屬於哲學。第二種意義的倫理學則與此根本不同，它是道德價值或道德規範的哲學；我們可稱之爲「規範倫理學」。這種倫理學不是研究事實，而是妄想研究什麼是善，什麼是惡，那些行爲是對的，那些行爲是錯的。可見這種哲學倫理學或規範倫理學的目的是要提出人類行爲的規範或道德價值的判斷。

我們不難看出，提出行為的規範和做價值判斷，實際上同一回事，只是表達的方式不同而已。規範或規則，例如：「不可殺人！」，是以祈使句的形式來表達的。把這項規範寫成價值判斷，就成為「殺人是罪惡的」。這兩種表達方式不同，在哲學思想發展史上非常重要。「不可殺人！」這項規範在文法上是屬於祈使句的形式，因此沒有人會認為它對事實有所敍述。但是，「殺人是罪惡的」這個價值判斷的語句，雖和上項規範一樣，只表達某種願望，但在文法形式上卻是敍述句。許多哲學家就被這種文法形式所蒙蔽，而誤認為價值判斷的語句對事實有所敍述，因而必定為真或為假。因此，他們就提出各種理由來支持自己的價值判斷，並企圖否證對方的價值判斷。其實，價值判斷的語句只是一項命令；不過它的文法形式容易引起誤解而已。這種語句可能有影響人類行為的效果，它可能導致我們所願望的行為，也可能導致我們所不願意的行為；但無論如何，這種語句無所謂眞假，它既不是眞也不是假。它對事實沒有做任何敍述；我們無法加以證明，也無法加以否證。

我們如果對這類語句加以邏輯解析，則馬上可以顯示出它們是沒有意義的。從「殺人是罪惡的」這個語句，我們導不出任何敍述未來經驗的語句。可見這個語句是不可檢驗的，因而也不具任何理論意義。其他價值判斷的語句也可依此類推。

也許有人會反駁上一段的見解，而認為從「殺人是罪惡的」可導出「殺人者將會悔恨」。然而，事實上這是無法導出的。這句話只能從有關人類性格及情緒反應的心理學語句導出。這些心理學語句是可檢驗的，不是沒有意義的。它們屬於心理學，而不屬於哲學；屬於心理倫理學，而不屬於哲學倫理學或規範倫理學。規範倫理學的語句，不管寫成規則的形式或寫成價值判斷語句的形式，都沒有理論意義；因而也就不是科學上的語句（這裏是指廣義的科學，任何敍述事實的語句都包括在內）。

爲了避免誤解，我必須指出：我們決不否認對價值判斷語句和評價行爲做科學研究，可能相當重要。兩者都是人類個人的行爲，正如其他行爲一樣，都可當做經驗上的考查對象。歷史學家、心理學家、以及社會學家都可對這些行爲加以分析，並做因果說明。從事這類分析和說明所使用的歷史學語句和心理學語句都是有意義的科學語句，而屬於第一種意義的倫理學。但是，在此情形下，價值判斷語句也只是研究的對象，而不是這些理論中的語句；它們仍然沒有理論意義。因此，我們把它們歸入形上學的領域之內。

五、形上學的表情功能

我們已經解析過廣義形上學中的語句；所謂「廣義形上學」，不僅包括超經驗形上學，而且包括哲學上的眞實性問題、以及規範倫理學在內。也許有很多人會同意：這一類形上學中的語句都無法檢驗，換言之，它們的真假不能用經驗來檢定。也許有很多人甚至因此承認它們沒有科學語句所具有的特徵，但是，我若主張這類語句沒有任何意義，則恐怕較難取得別人的贊同。別人可以如此反駁：這些出現於形上學書籍中的語句，很明顯的會對讀者產生某些影響，有時甚至會產生强烈的影響；因此，這些語句雖則沒有意義，沒有理論內容，它們必竟有所表達。

在此，我們必須把語言的兩種功能加以區分：一種是表情的功能，另一種是敍述或認知的功能。幾乎每一個人的一切有意識的和無意識的活動（包括說話、寫字在內），都多少表達了他自己的感觸、情緒、以及暫時性的或永久性的反應傾向等等，因此，他的一切活動與言詞，幾乎都可看做是他的感觸或性格的徵兆，我們可對他的感觸或性格做某些推測。因此，我們可以認為活動和言詞都有表情的功能。但是，有一部分言詞（例如：「這本書是黑色的」）另外有一種功能：它們敍述某一種事態；它們告訴我們某一種情況；它們對某些事有所主張、有所敍述、有所判斷。

有時，一個語句所敍述的事態，恰巧與根據某一言詞的表情功能所做的推測相同；然而，即使在這種情形，我們仍須把語言的敍述功能與表情功能嚴加區分。舉例言之，如果有人歡笑，我們可以把他的笑聲當做是情緒愉快的徵兆；換言之，從他的笑聲，我們可以推測他的情緒是愉快的。反之，他如果告訴我們：「我現在非常愉快」，則他雖然沒有笑，我們仍可從他自己的話得知他是愉快的。這句話所敘述的事態，與我們從他的笑聲所推測的相同。儘管如此，笑聲與「我現在非常愉快」這個語句之間仍有基本的差異。這個語句敘述愉快的情緒，因此有所謂眞假。笑聲可以表達情緒，我們從笑聲來推測他的情緒。如果我們把愉快的笑聲當做是不愉快的表現；或者把勉强裝作出來的笑聲當做是愉快的表現；則只是我們自己推測錯誤而已。笑聲本身並無眞假可言。

許多言詞正如笑聲一樣，只有表情的功能而沒有敍述的功能。例如：「哦！哦！」、「唉呀！」這些叫聲並沒有敍述任何事態，沒有敍述任何情緒，只是表達了喊叫者的情緒；換言之，喊叫者沒有敍述他的情緒如何，然而我們可以從他的叫聲來推測他的情緒。抒情詩也是只有表情的功能而沒有敍述的功能。如果一首抒情詩中出現了「陽光」和「浮雲」，它的目的決不在報導氣象，而是在表達詩人的感觸，並企圖喚起讀者的共鳴。抒情詩沒有敍述任何事態，沒有理論意義，不包含任何知識。

現在，可以把我們反形上學的意思做更清楚的說明。我們的意思是認爲：形上學的語句與抒情詩一樣，只有表情的功能而沒有敍述的功能。形上學的語句既不是眞也不是假；因爲它們不做任何敍述；既不含正確的知識，也不含錯誤的知識；它們完全不在知識領域之內，不在理論領域之內，也不在討論是非的領域之內。但是，他們像笑聲、抒情詩、以及音樂一樣，具有表情的功能。形上學的語句大多表達持久性的情緒傾向或意志傾向，而極少表達一時的感觸。例如：一元論的形上學體系也許表達均衡而和諧的生命情調，二元論的體系也許表示把人生看做永無休止的奮鬪掙扎；倫理學體系中的嚴肅主義也許表達强烈的使命感，或對嚴厲統治的嚮往。實在論者的性格往往是外向的，容易和別人以及外在世界的事物取得聯繫；反之，觀念論者往往是性格內向的，容易逃避無情的世界，而生活於自己的思想幻覺之中。

可見，形上學與抒情詩極為相似；兩者都沒有敍述功能，沒有理論內容。但有一點不同，就是：形上學的語句在表面上好像有理論內容，不但讀者被這種表面的形式所蒙蔽，形上學家本身也受其蒙蔽，而誤認為自己的著作有所敍述。因此，形上學家總是為自己的形上學辯護，而攻擊別人的形上學。反之，詩人卻不會主張別人的詩是錯誤的；他們通常只是批評別人的詩不好。

形上學是非理論性的；這不足以成為形上學的缺點。一切藝術也都是非理論性的，但這無損於藝術在個人生活及社會生活中的崇高價值。形上學的危險，在於它看起來好像是理論性的；我們容易受其蒙蔽，而產生知識的幻覺；而實際上，其中並無任何知識。這是我們摒棄形上學的理由。

原載「大學雜誌」

內涵邏輯淺說

內涵邏輯是正在發展中的學科；目前雖然已有一些重要的成果，但並未定型；有些問題仍然在爭論之中，未獲定論。本文並不預備對爭論中的問題加以討論，也不是要簡介內涵邏輯的內容；因為這些都須要牽涉到比較專門的知識。本文的目的是要用淺近的例子把外延邏輯與內涵邏輯做一比較，使讀者對內涵邏輯有一個最初步的認識。由於篇幅的限制，我們無法在此詳細解說每一個邏輯概念；我們假定本文的讀者具有初等邏輯的基本知識。（註一）

一、內涵與外延

上述詞的內涵與外延

要明瞭內涵 (intension) 與外延 (extension) 的區別，最好從述詞 (predicate) 着手。所謂「述詞」是敍述性質或關係的字眼。例如：「五是質數。」這個語句中的「是質數」三個字就是述詞；因為它敍述五這個數的性質。五這個數有許多性質，諸如：它具有整數的性質，有奇數的性質，……等等；質數只是它所具有的許多性質之一。剛才那個語句就是敍述五具有質數的性質。在邏輯上，我們若以英文大寫字母「P」表述詞「是質數」，以英文小寫字母「a」表「五」，則該語句可寫成：「Pa」。那麼，什麼叫做「質數」呢？換言之，須要具備那些性質才能成為一個質數呢？我們知道，一個質數具有下列兩個性質：

(1) 必須是一個整數；

(2) 除了能被1和其本身所整除之外，不能被其他的整數所整除。

具備上述兩個性質是成為質數的充分必要條件。我們把這兩個性質列出，就等於說明了述詞「P」的涵意；換言之，這兩個性質是述詞「P」的內涵。至於「P」的外延，就是具有這兩個性質的東西所構成的集合；亦即 {1, 2, 3, 5, 7, 11, 13, 17, 19, 23, ……}。換言之，能夠代入「Px」中的「x」而產生眞語句的一切東西所構成的集合，亦即 {x:Px}，即為「P」的外延。

由上例可知：一元述詞 (one place predicate) 的內涵是一項或一組性質；而其外延是具有該項或該組性質的一切東西所構成的集合。很明顯的，兩個一元述詞，若內涵相同，則其外延必然相同。反之，若外延相同，則其內涵可能不同；換言之，內涵不同，外延可能相同。例如：「是三角形」與「是三邊形」這兩個一元述詞的內涵並不相同，前者是指下列四項性質：

(1)是一個平面上的圖形；
(2)是封閉的；
(3)是由直線構成的；
(4)具有三個角。

而後者是指下列四項性質：

(1)是一個平面上的圖形；
(2)是封閉的；
(3)是由直線構成的；
(4)具有三個邊。

兩者的內涵雖不相同，而其外延却是相同的。三角形必是三邊形，而三邊形也必是三角形。設以「A」表一元述詞「是三角形」，以「B」表一元述詞「是三邊形」，則兩者外延相同可寫成：

$(x)(Ax \leftrightarrow Bx)$。

述詞除了敍述性質之外，還敍述關係。例如：「六是三的兩倍」這個語句中的「…是……的兩倍」幾個字眼就是敍述關係的述詞，因爲它敍述六與三兩個數之間的關係。六與三之間還有別種關係，兩倍關係只是其中之一。這種敍述兩個東西之間的關係的述詞，叫做「二元述詞」(two place predicate)。在邏輯上，我們若以英文大寫字母「D」表二元述詞「…是……的兩倍」，以英文小寫字母「b」表「六」，「c」表「三」，則該語句可寫成：「Dbc」。兩倍關係即爲二元述詞「D」的內涵。至於「D」的外延是具有此關係之一切有序對 (ordered pair) 所構成之集合；亦即 {(2, 1), (4, 2), (6, 3), (8, 4), ……}。詳言之，二與一之間、四與二之間、六與三之間、八與四之間，……都具有兩倍關係，故這些有序對所構成的集合就是「D」的外延。換言之，凡能够代入「Dxy」中的「x」和「y」而產生眞語句的有序對所構成的集合，亦即 {(x, y):x=2y}，就是「D」的外延。

一般言之，二元述詞的內涵是該述詞所敍述的關係；而其外延則爲具有此關係之一切有序對所構成的集合。兩個二元述詞，若內涵相同，則外延必然相同；反之，外延相同，內涵却未必相同。設「A」和「B」兩個二元述詞所敍述的關係並不相同。然而任何兩個東西，若具有「A」所敍述的關係，則也具有「B」所敍述的關係；反之，若具有「B」所敍述的關係，則也具有「A」所敍述的關係；換言之，(x)(y)(Axy↔Bxy) 或 {(x, y):Axy}={(x, y):Bxy}。如此，則「A」和「B」的內涵雖然不同，而外延却是相同的。

其他，三元述詞、四元述詞、……以至n元述詞，可依此類推。（註二）

2. 個體表式的內涵與外延

任何東西，不管是具體物 (concrete object)，例如：人、動物、……等等，或是抽象體 (abstract entity)，例如：數、觀念、……等等，統稱之爲「個體」(individual)。用來指稱某一個特定個體的符號，叫做「個體表式」(individual expression)。我們通常要指稱某一個體，有兩種方法。一種是替該個體取一個專用名稱 (proper name)，例如：「孫逸仙」，「司馬遷」、……等等；在邏輯上，通常用英文小寫字母「a」、「b」、「c」、……、「t」來表示，這些表專用名稱的英文小寫字母叫做「個體常元」(individual constant)。另一種是對所要指稱的個體加以描述，用描述的方法來確定所要指稱的個體，例如：「中華民國的國父」，「史記的作者」、……等等；這些用描述的方法來指稱個體的詞語，在邏輯上稱之爲「確定描述詞」(definite description)。

個體表式（不論是個體常元還是確定描述詞）的外延是該表式所指稱的個體。確定描述詞的內涵是該描述詞的意義。我們可能知道一個確定描述詞的意義，而不知道該描述詞所描述的是那一個個體。例如：我們可能知道「史記的作者」一詞的意義，然而不知道到底誰是史記的作者。在此情形下，我們知道該描述詞的內涵，而不知其外延。反之，我們也可能知道該描述詞的外延，而不知其內涵。假定有一個剛開始學中文的外國人不懂「中華民國的國父」一詞的意義。我們不解釋該詞的意義，而只告訴他該詞是指孫逸仙博士，或指國父的像片給他看，告訴他所謂「中華民國的國父」就是這個人。在此情形下，這個外國人知道了該描述詞的外延，但仍不知其內涵。

至於個體常元或專名的內涵，問題比較複雜。當我們知道一個個體常元或專名是指稱那一個個體時，是否就已知道該常元或專名的涵意？個體常元或專名除了外延之外，是否另有內涵？如果有的話，則其內涵爲何？如何與外延區分？這些問題，學者間有許多爭論，本文因篇幅所限不擬加以介紹。(註三)

3.語句的內涵與外延

一個語句的內涵是它所表達的意義，而其外延則爲其眞假值 (truth values)。我們之所以把眞假值當做語句的外延，乃是把述詞的概念加以推廣的結果。

在一個一元述詞的右邊填寫一個個體常元或個體變元 (individual variable)，則得到一個句式(formula)，例如：「Pa」、「Px」；在一個二元述詞右邊填寫兩個個體常元或個體變元，也可得到一個句式，例如：「Dab」、「Dax」、「Dxy」；一般言之，在一個n元述詞右邊填寫n (n≧1) 個個體常元或個體變元，則得到一個句式。我們若把述詞的概念加以推廣，把n＝0的情形也包括在內，則所謂零元述詞乃是指：不須塡寫任何個體常元或個體變元，就能成爲句式的述詞。換言之，零元述詞本身就是一個句式。又因爲此種句式不含任何自由變元 (free variable)，故不僅是一個句式，而且是一個語句。在邏輯上，英文大寫字母旣用以表述詞，又用以表語句，就是因爲把語句當做零元述詞的緣故。

接照上節的說明，兩個一元述詞「A」和「B」的外延相同可寫成：

$$(x)(Ax \leftrightarrow Bx);$$

兩個二元述詞「C」和「D」的外延相同可寫成：

$$(x)(y)(Cxy \leftrightarrow Dxy);$$

一般言之，兩個 n 元述詞「E」和「F」的外延相同可寫成：

$$(x_1)(x_2)\cdots\cdots(x_n)(Ex_1x_2\cdots\cdots x_n \leftrightarrow Fx_1x_2\cdots\cdots x_n)。$$

我們若把語句當做零元述詞，則兩個語句「P」和「Q」的外延相同可寫成：

$$P \leftrightarrow Q,$$

亦卽「P」和「Q」的眞假相同。因此，我們把一個語句的眞假値當做該語句的外延。

很明顯的，兩個語句若意義相同，則不可能一爲眞而另一爲假；亦卽若內涵相同，則外延必然相同。反之，兩個語句的眞假相同，其意義未必相同；亦卽外延相同，內涵未必相同。(註四)

二、外延邏輯

一個語句若談到某一個體，則該個體的常元或確定描述詞必定會出現於該語句之中。在此情形下，個體常元或確定描述詞既然是用來指稱個體，則改用其他常元或確定描述詞，只要指稱同一個體，當不致變動原語句的眞假。例如：「司馬遷是漢朝人」這個語句中出現「司馬遷」這個專名，用來指稱司馬遷這個人。但是，可用來指稱這個人的專名或確定描述詞尚有「司馬子長」、「史記的作者」……等等。我們若以這些詞來取代原句中的「司馬遷」，則所得語句「司馬子長是漢朝人」、「史記的作者是漢朝人」、……的眞假必與原句相同。換言之，原語句若爲眞，則這些語句仍爲眞；原語句若爲假，則這些語句仍爲假。

設 ϕ 爲一語句，其中含有某一個體常元或確定描述詞 α ；β 亦爲一個個體常元或確定描述詞，而 ψ 是以 β 取代 ϕ 中的某一個或某數個 α 而產生的語句。若 α 和 β 指稱同一個個體，則 ϕ 和 ψ 的眞假相同。以邏輯符號表示，即：

若 $\alpha = \beta$，則 $(\phi \leftrightarrow \psi)$。

換言之，若 α 和 β 的外延相同，則 ϕ 和 ψ 的外延也相同。詳言之，只要 α 和 β 的外延相同，則儘管內涵不同，ϕ 和 ψ 的眞假（即外延）仍然相同。

上述原則叫做「外延性原則」(principle of extensionality)。

同樣的，有些含有述詞的語句與其所含述詞之間的關係，也符合類似的外延性原則。設ϕ為一個語句，其中含有某一 n 元述詞ζ；η亦為一 n 元述詞，而ψ是以η取代ϕ中的某一個或某數個ζ而產生的語句。若ζ和η的外延相同，則ϕ和ψ的外延也相同。例如：「三角形內角和一百八十度」這句話是眞的；而「三角形」與「三邊形」的外延相同；因此，以「三邊形」取代原句中的「三角形」所得的語句「三邊形內角和一百八十度」仍然為眞。

有些語句與其所含的語句之間的關係，也可適用外延性原則。設ϕ為一個語句，其中含有另一語句ψ；ψ'亦為一個語句，而ϕ'是以ψ'取代ϕ中的某一個或某數個ψ而產生的語句。若ψ和ψ'的外延相同（亦即眞假相同），則ϕ和ϕ'的外延也相同。例如：以「S」取代「$(P\vee Q)\rightarrow(R\wedge Q)$」中的「$(P\vee Q)$」而得「$S\rightarrow(R\wedge Q)$」。若「$P\vee Q$」與「S」的眞假相同，則「$(P\vee Q)\rightarrow(R\wedge Q)$」與「$S\rightarrow(R\wedge Q)$」的眞假也必定相同。

在外延邏輯 (extensional logic) 中，外延性原則是可以成立的。若一個語句與其所含的個體表式、述詞、及語句等等之間的關係可適用外延性原則，則我們可用外延邏輯來處理這個語句。（註五）

三、內涵邏輯

有些語句與其所含個體表式、述詞、及語句等等之間的關係，外延原則無法適用。現在分別舉例說明如下：

先討論語句與其所含個體表式之間的關係。設ϕ為一語句，其中含有某一個個體常元或確定描述詞α；β亦為一個個體常元或確定描述詞，而ψ是以β取代ϕ中某一個或某數個α而產生的語句。即使α和β指稱同一個個體，ϕ和ψ的眞假也未必相同。換言之，α和β的外延相同並不能保證ϕ和ψ的外延也必定相同。例如：「史記必然是史記的作者所寫的」這個語句是眞的；我們又知道：「史記的作者」與「司馬遷」是指稱同一個個體，亦即兩者的外延相同。然而，以「司馬遷」取代「史記的作者」所產生的語句「史記必然是司馬遷所寫的」却是假的。可見這個語句與其所含個體表式「史記的作者」之間的關係，不能適用外延性原則。

有人也許會懷疑：「史記必然是史記的作者所寫的」這句話何以是眞的；而「史記必然是司馬遷所寫的」這句話何以是假的。在此，我們必須解釋「必然」一詞的意義。「必然」一詞有各種不同的含意，在上面兩個語句中，我們加以「必然」兩字表示：原語句之爲眞，不須要任何有關語言以外的事實來支持；換言之，只要原來語句所含詞字的意義不變，則儘管事實有所改變，原語句仍然爲眞。例如：只要「作者」、「寫」等等字眼的意義不變，則卽使我們發現史記的作者不是司馬遷，而是另外一個人，然而「史記是史記的作者所寫的」這句話仍然爲眞。我們只要瞭解這個語句中所含的各字眼的意義，卽可判斷這個語句爲眞，而不必知道其他事實。也就是說，不管發現多少新證據足以推翻原本認定爲眞的語句，該語句仍然爲眞而無法推翻。因此，我們在這個語句中添加「必然」兩字，以强調它是絕對爲眞而不容置疑的。「必然」一詞的意義既然如此，則「史記是司馬遷所寫的」這句話不可添加「必然」兩字，因爲這句話並沒有前一句話那種絕對爲眞而不容置疑的性質。因此，「史記必然是司馬遷所寫的」這句話卽爲假。

很明顯的，上面兩個語句之所以不能適用外延性原則乃是因爲加上了「必然」一詞的緣故。除了「必然」一詞之外，「可能」一詞也可使一個語句不能適用外延性原則。例如：「司馬談可能是女人」這句話是眞的；我們又知道：「司馬談」與「司馬遷的父親」是指稱同一個個體，亦卽外延相同。然而，以「司馬遷的父親」取代「司馬談」所產生的語句「司馬遷的父親可能是女人」却是假的。可見這個語句與其所含個體表式「司馬談」之間的關係不能適用外延原則。

「可能」一詞與「必然」一樣，有各種不同的含意。在上面的兩個語句中，我們加上「可能」一詞表示：只從原語句所含字眼的意義，而不根據其他事實，無法斷定該語句爲假。例如：只從「司馬談」三個字，而不根據歷史事實，無法斷定司馬談不是女人；換言之，可能是女人。我們加上「可能」兩字正是強調這種可能性；因而「司馬談可能是女人」為真。反之，只從「司馬遷的父親」一詞的意義，而不必依據其他事實，即可斷定司馬遷的父親不可能是女人。任何人只要知道「父親」、「女人」等字眼的意義，即使沒有絲毫歷史知識，也能斷定沒有這種可能性；因此，加上「可能」兩字之後，仍然為假。

很明顯的，上面兩個語句之所以不能適用外延性原則，也是因為加上了「可能」兩字的緣故。若把這兩字刪除，則外延性原則仍可適用。因為「司馬談是女人」與「司馬遷的父親是女人」兩個語句皆為假，即其外延相同。

有些含有「必然」、「可能」等字眼的語句與其所含個體表式之間的關係，雖不能適用外延性原則，但仍可適用內涵性原則 (principle of intensionality)。設ϕ為一語句，其中含有某一個體常元或確定描述詞α；β亦為一個體常元或確定描述詞，而ψ是以β取代ϕ中的某一個或某數個α而產生的語句。若α和β的內涵相同，則ϕ和ψ的內涵也相同。例如：「史記的作者」與「寫史記的人」這兩個確定描述詞不僅指稱同一個個體，而且兩者的意義完全相同，亦即內涵相同。因此，以「寫史記的人」一詞取代「史記必然是寫史記的作者所寫的」這語句中的「史記的作者」一詞，所產生的語句「史記必然是寫史記的人所寫的」不但與原句真假相同，而且意義完全一樣；換言之，取代後所得的語句與原來的語句內涵相同。

有些含有「必然」、「可能」等字眼的語句與其所含述詞之間的關係，雖不能適用外延性原則，但仍可適用內涵性原則。設ϕ為一個語句，其中含有某一n元述詞ζ；η亦為一n元述詞，而ψ是以η取代ϕ中的某一個或某數個ζ而產生的語句。若ζ和η的內涵相同，則ϕ和ψ的內涵也相同。例如：「父親」與「爸爸」的意義相同，亦卽內涵相同；因此，以「爸爸」取代「司馬遷的父親必然是男人」中的「父親」一詞，所產生的語句「司馬遷的爸爸必然是男人」不但與原句眞假相同，而且意義完全一樣；換言之，取代後所得的語句與原來的語句內涵相同。同樣的，以「爸爸」取代「司馬遷的父親可能是女人」中的「父親」一詞，所得的語句「司馬遷的爸爸可能是女人」與原句內涵相同。

有些含有「必然」、「可能」等字眼的語句與其所含語句之間的關係，雖不能適用外延性原則，但仍可適用內涵性原則。設ϕ為一個語句，其中含有另一個語句ψ；ψ'亦為一個語句，而ϕ'是以ψ取代ϕ中的某一個或某數個ψ而產生的語句。若ψ和ψ'的內涵相同，則ϕ和ϕ'的內涵也相同。例如：「司馬遷的父親是男人」與「司馬談是男人」這兩個語句皆為眞，亦卽外延相同。但是，兩個語句都加上「必然」一詞之後，則「司馬遷的父親必然是男人」為眞，而「司馬談必然是男人」為假，亦卽外延不同。如果未加「必然」之前，兩個語句不僅外延相同，而且內涵也相同，則加上「必然」之後，兩個語句的內涵仍然相同。例如：「司馬遷的父親是男人」與「司馬遷的爸爸是男人」兩個語句內涵相同；加上「必然」一詞之後變成「司馬遷的父親必然是男人」與「司馬遷的爸爸必然是男人」，這兩個語句的內涵仍然相同。加上「可能」一詞，情況也是如此，不再贅述。（註五）

含有「必然」、「可能」等字眼的語句，既然不能適用外延性原則，而可適用內涵性原則，則外延邏輯不足以處理這些語句，而必須有內涵邏輯。在內涵邏輯中，我們把「必然」、「可能」等詞當做語句連詞來處理。通常以符號「□」表「必然」一詞，以「◇」表「可能」一詞。設「P」表「司馬遷的父親是男人」，則「司馬遷的父親必然是男人」寫成「□P」，而「司馬遷的父親可能是男人」寫成「◇P」。可見這兩個符號正如否定號一樣，是加在一個語句之前以產生另一個語句。所不同的是：否定句「－P」的真假（即外延）可依據「P」的真假來斷定；「P」真則「－P」為假，「P」假則「－P」為真；換言之，「P」的外延確定之後，「－P」的外延即隨之確定。反之，依據「P」的真假，無法斷定「□P」及「◇P」的真假；「P」真時「□P」可能真也可能假，「P」假時「◇P」照樣各有真假兩種可能；換言之，「P」的外延確定之後，「□P」及「◇P」的外延並不隨之確定。要斷定「□P」及「◇P」的真假，必須知道「P」的內涵，僅僅知道其外延是不夠的。

很明顯的，若要尋求「P」的內涵與「□P」及「◇P」的外延之間的關係，必須探討「□」

和「◇」這兩個符號（亦即「必然」和「可能」這兩個詞）的性質及其與其他邏輯符號之間的相互關係。探討這些問題的邏輯叫做「模態邏輯」（modal logic），它是屬於內涵邏輯（intensional logic）的一部門。（註六）

註一　初等邏輯包括語句邏輯，含有等同符號及運算符號的初階述詞邏輯。請參閱拙著邏輯（三民書局）一書的序言。

註二　關於述詞的內涵與外延，請參閱 John L. Pollock, *Introduction to Symbolic Logic*, New York, 1969, III.7 及 John W. Blyth, *A Modern Introduction to Logic*, Chapter 5。

註三　關於個體表式的內涵與外延，請參閱 Rudolf Carnap, *Meaning and Necessity*, Chicago, 1964. §§7—9, §§18,19. 及 John R. Searle, "Proper Names", in *Mind*, 67 (1958) ,pp. 166—73.

註四　關於語句的內涵與外延，請參閱 Rudolf Carnap, *Meaning and Necessity*, §6.

註五　關於外延性原則及內涵性原則，請參閱 Rudolf Carnap, *Meaning and Necessity*, §§11,12 及 W.V.O.Quine, "Notes on Existence and Necessity" in the *Journal of Philosophy*, 40 (1943) (reprinted in L. Linsky, *Semantics and Philosophy of Language*, Illinois, 1952).

註六　關於模態邏輯的初步介紹，請看 Gerald J. Massey, *Understanding Symbolic Logic*, New

York, 1970. Part Three and Appendix G. 欲知其詳，請細讀 G. E. Hughes & M. J. Cresswell, *An Introduction to Modal Logic*, London, 1968.

語意學概要

徐道鄰著　四十五年　香港友聯出版社印行，二十四開本，二一八頁（註）

這是第一本中文的語意學書籍，也是一本淺出而不深入的通俗讀物。它對語意學的整個輪廓做了相當淺顯的描述，對語意學的功用及影響也有頗爲具體的說明。從這些優點看來，它的可讀性極高；然而，很不幸的，作者在須要較細心的場合往往掉以輕心，有些地方甚至發生嚴重的錯誤。

這篇書評的目的是要指出評者所發現的錯誤，以就教於作者及讀者。評者希望本書評對原著有積極的作用，使讀者能够受用原著的優點而不致被它的錯誤所誤導。（我們不做無謂的謾罵，也不做不負責任的捧場。）

一、關於「詭論」(paradox)

本書第七、八兩頁提到「謊言者的詭論」(paradox of the liar 或 Epimenides' paradox)，及羅素 (Bertrand Russell) 的「型範論」(theory of types)。徐教授舉了兩個詭論的例子：

第一個是：

這個方塊裏
所記載的話
全都是假的

第二個例子是：「我一輩子都是在說假話騙人」。我們知道，謊言者的詭論有一特點，就是：如我們假定它是眞的，則它是假的；如假定它是假的，則又是眞的。用邏輯符號來表示，即 P↑↓-P。根據這一點來判斷，徐教授所舉的第一個例子是一個詭論，但第二個例子却沒有具備詭論的條件。現在詳細說明如下：

我們先假定「我一輩子都是在說假話騙人」這句話是眞的，則這句話本身也是假的，因爲這句話也是他一輩子所說的話。反過來，若「我一輩子都是在說假話騙人」這句話是假的，則這一句話不一定是眞的。因爲只要他以前曾說過一句眞話，則「我一輩子都是在說假話騙人」這句話就是假的。而那一句眞話不一定就是「我一輩子都是在說假話騙人」這句話。因此，這一句話也就不一定是眞的了。

由以上的分析，可知第二個例子本身並不是一個詭論。但是它却可以產生詭論。因爲從這一句話可以推出「我現在講的這一句話是假的」。而後面這一句話正是一個詭論，與第一個例子完全相同。

其實，Epimenides' paradox 的原始形式也和徐教授的第二個例子一樣，本身並不是一個詭論。關於這一點，請參閱 S.C. Kleene 的 *Introduction to Metamathematics* 第三十九頁。

徐教授在說明第二個例子的時候說：「如若是眞的，就是假話；如若是假的，就是眞話。」這顯然是錯誤的。

徐教授解釋「型範論」時說：

> 一個種類的總稱，不能是一個種類的一份子，如同不論力氣多大的人，不能把自己舉起來一般。（一本書目的目錄，用不着把自己列爲內容。）

所謂「一個種類的總稱，不能是一個種類的一份子」，不知如何說起。一個集合（collection 或稱爲 set，也就是邏輯上的「種類」class）可以成爲另外一個集合的份子 (member)。這是

「集合論」(set theory) 的基本常識。徐教授那一句話應改成：「一個種類不是該種類本身的一份子。」其實，這並不是羅素「型範論」的本旨。「型範論」的主要論旨，簡單講，是要把「個體」(individual)、「個體的集合」、「個體的集合的集合」……等層次分清楚，我們如以 a_1, a_2, a_3, ……等表示個體，b_1, b_2, b_3, ……等表示個體的集合，c_1, c_2, c_3, ……等表示個體的集合的集合。則我們可以說：「a_1 與 a_2 等同」(即 $a_1=a_2$)，「b_1 與 b_2 等同」(即 $b_1=b_2$) ……等句子，因為 a_1, a_2, a_3, ……是同一層次的東西，b_1, b_2, b_3, ……也是同一層次的東西。儘管 a_1 和 a_2 事實上可能並不等同，但「$a_1=a_2$」這句話仍然是有意義的。如果我們說「a_1 與 b_1 等同」，則這句話是沒有意義的。同樣的道理，我們只能說：「a_1是 b_1 的份子」，「b_2 不是 c_1 的份子」……等句子，因為 b_1, b_2, b_3, ……比 a_1, a_2, a_3, ……高一層次；c_1, c_2, c_3, ……也比 b_1, b_2, b_3, ……高一層次。但我却不能說：「a_1 是 a_2 的份子」，「b_1 不是 b_3 的份子」……等句子，因為同一層次的東西，說那個是不是那個的份子，是沒有意義的；「份子關係」(membership) 只能存在於不同層次之間，「a_1 是 a_1 的份子」、「a_1 不是 a_1 的 份子」都是沒有意義的話。因為這些句子會產生所謂「羅素的詭論」(Russll's paradox) (關於「羅素的詭論」，請參閱 Patrick Suppes 的 *Axiomatic Set Theory* 第六頁)。羅素的「型範論」主要的是要解決「羅素的詭論」。儘管羅素本人在「我的哲學發展」一書中，仍然堅持「型範論」可以解決「謊言者的詭論」，但一般邏輯家並不以爲然。(請參閱羅素的 *My Philosophical Development* 第八十二頁)。

徐教授在本書中所討論的是屬於「一般語意學」(general semantics) 的問題，對卡納普 (Rudolf Carnap)，塔斯基 (Alfred Tarski) 等人的「純語意學」(pure semantics) 則只提到三言兩語。其實，徐教授介紹「謊言者的詭論」之後，可以借這個機會介紹「語言的使用與指涉」(use and mention of language) 等純語意學上的基本概念。這樣，一方面可以指出詭論何以產生的由來，另一方面也可使讀者多少認識一點純語意學家的工作。徐教授不但沒有指出詭論的由來，反而設了兩個極不恰當的比喻：第一個比喻是「人不能把自己擧起來」；第二個是「一本書目的目錄，不須把自己列出」。我們知道：我們之所以要限制一句話指涉它本身，乃是因爲這樣會產生詭論。爲了不使詭論產生，也就是爲了要保持我們現有的邏輯規則，我們不得不做此限制。也可以說，這種限制是一道「規約」(convention)。徐教授的第一個比喻是一種事實上的不可能，而一個句子指涉自身並非事實上不可能(如不可能，則根本不會產生「謊言者的詭論」)，只是因爲這樣會產生詭論，所以我們限制語言不要如此使用而已。至於第二個比喻，則只是在實用上無須如此而已。

據筆者猜測，徐教授之所以設了如此淺近的比喻，可能是爲一般讀者着想。其實，「詭論之產生乃是由於語句指涉本身所致」這個道理並不難瞭解。指出這一點，讀者更能徹底的瞭解：何以許多問題只是語言的問題。徐教授過份低估讀者的程度，設了兩個不恰當的比喻，反而產生了誤導。

二、關於「運作定義」(operational definition)

徐教授在本書第四十頁解釋布里治曼 (P. W. Bridgman) 的「運作定義」說：

我們不要用語言去解釋語言，而要用動作來解釋語言。我們不要說：「『飯』是『熟』的『米』」，而要說：「把米加水放在火上煮二十分鐘，那就是『飯』」。不要說：「『玫瑰』是一種有色有香的花」，而要說：「在走廊上右手第二盆裏的就是。」……（中略）……凡是不能用「運作」來表現的，那就只是「臆想」、「臆測」(speculation)，那就無法被「證實」(verified)，那也就不是科學。

這段話，對「運作定義」多少有些誤解：

①運作定義並沒有要求「不要用語言去解釋語言」。凡是「語文定義」(verbal definition)，都是以語言去解釋語言的。徐教授的例子：「把米放在火上煮二十分鐘」不也是一句話嗎？怎麼不是語言？布里治曼只是說：要用運作來界定 (define) 一個概念 (concept)，而不要用性質 (property) 來界定。但不管用運作，還是用性質來界定，都可以用語句的形式表達出來。

②「運作論」(operationism) 所要求的只是：「始基概念」(primitive concept) 或「始基符號」(primitive symbol) 須可以用「可觀察表式」(observable expression) 加以界說。它並沒有要求：任何一個概念或符號都要用「可觀察表式」來界說。如果A、B兩個概念已經用「可觀察表式」加以界說，換句話說，已加以運作定義，則此後我們就可以利用A、B兩個概念來界說其他未經界說的概念。因此我們僅憑一個單獨的定義，如：「『玫瑰』是一種有色有香的花」，我們無法判斷這個定義到底有沒有滿足運作論的要求。我們還要看「色」、「香」、「花」等概念是如何界說的，如果他們的定義，最後可「化約」(reduce)成「可觀察表式」，則「『玫瑰』是一種有色有香的花」這個定義就滿足了運作論的要求；不然則否。徐教授所舉的另一個例子，情形也是相同，不再重覆。

③照運作論者的說法，不能化約成「可觀察表示」的符號，根本就無意義。一個句子，如含有這種符號，則是無意義的句子。無意義的句子當然無法被「證實」，但它並非「臆測」。「臆測」只是「未經」證實，並不是「無法」證實。

徐教授在介紹「運作定義」時，如能詳細加以說明，同時介紹「化約」的概念，則讀者對本書第十一章「語言中的『抽象層次』」將會有更深刻的瞭解。很可惜的，徐教授又白白放棄了這一個機會。

三、關於「命題」(proposition)「命題函數」(propositional funcation) 及「推論」(inference)

①徐教授在第五十三頁說：

所謂命題者，就是一句有意義的語詞。所謂意義者，就是其內容所指的事實，我們能辨明其是否存在。就是說，必須我們能辨別其內容（含意）是否正確或錯誤的，才算一個「命題」。

這段話對「命題」的解釋不夠精確。其實，只要我們知道一個句子的「真值條件」(truth condition)，該句子就是一個命題。至於我們能否辨別眞或假，則取決於我們目前的知識與技術程度。

②上段話中：「所謂意義者，就是其內容所指的事實，我們能辨明其是否存在」這句話應改成：「所謂有意義者，……存在」。這雖然近乎吹毛求疵，但我們不要忘記這本書叫做「語意學概要」！

③再者，propositional function 應譯成「命題函數」，徐教授誤譯爲「命題方程式」。

④徐教授在第五十六頁及第八十九頁所提到的「推論」，應該是「推測」之誤。因爲一個

「有效的推論」(valid inference)，前提眞則結論必定眞，沒有什麼「危險」可言。

四、關於邏輯 (logic)

①徐教授在第一百二十五頁介紹了傳統邏輯的三大定律：A、同一律 (law of identity)，B、矛盾律 (law of contradiction)，C、排中律 (law of excluded middle)。接着在第一百二十六頁說：「事實上後二者只是前一者的引申」。

其實，矛盾律與排中律無法從同一律「引申」出來。我們現在先把這三大定律用邏輯符號表示如下：

A. $P \longleftrightarrow P$

B. $-(P \wedge -P)$

C. $P \vee -P$

其次我們再假定一個句子可能有三個眞值 (truth value)：第一個值是「眞」(true)；第二個值是「既不眞又不假」(neither true nor false)；第三個值是「假」(false)。這是對「三值邏輯」(three valued logic) 的一種「解釋」(interpretation)——當然不是唯一的解釋。在這個邏輯系統中，A仍然是個「恆眞句」(tautology)，它就是說，不管P的眞值如何，$P \longleftrightarrow$

P的眞値必定爲眞。但B、C却不是「恆眞句」。當P的眞値是「旣不眞又不假」的時候，$-(P \supset -P)$與$P \vee -P$的眞値都是「旣不眞又不假」。

可見當A成立時，B、C不一定能成立。三値邏輯的特徵不在同一律，而在排中律。徐教授所謂「後二者只是前一者的引申」云云，只是「想當然耳」的信口開河。（關於三値邏輯，請參閱 Hugues Leblanc 的 *An Introduction to Deductive Logic* 第四十二——四十六頁）

②徐教授在第二百零七頁，談「邏輯數學語文」時說：

只要前提對了，結論自然是對的。結論如果是對，前提也必然是對。（評者按：「對」字應該是「眞」，即「true」之意。）

這眞是不可饒恕的疏忽。我說「不可饒恕」，因爲只要學通初中幾何學的人，斷不致於不曉得：結論眞，前提不一定眞。我說它是一種「疏忽」，因爲我絕對不相信（同時也極不願意相信）徐教授連這一點都沒搞淸楚。雖然是一種疏忽，但也由此可見，徐教授寫本書的態度不很謹愼。甚至在四十九年八月的再版也沒有加以修正。

③徐教授在第二百零八頁說：

在邏輯和數學上說不通的，固然離開邏輯和數學也行不通。但是在邏輯和數學上說得通的，離開邏輯和數學，却並不一定行得通。而人們往往對此忽略，因而造成一種錯覺。譬如說，「人類都有感恩報德的天性，我對張三有過恩惠，張三一定會報答我」。或者：「我的生意很好，今年賺了一萬，明年就是兩萬，十年之後，就是十萬」。這兩句話的邏輯和數理，都是非常正確的。但是如果你認爲事實上也是同樣的正確，因而以之作爲行動的準繩，那麼恐怕你很快的就要大失所望了。

所謂「在邏輯和數學上說得通」「說不通」，可做兩種解釋：

A、所謂「說得通」是指在邏輯上不矛盾，也就是「邏輯的可能」；所謂「說不通」是指在邏輯上矛盾，也就是「邏輯的不可能」。

B、所謂「說得通」是指推論的正確；所謂「說不通」是指推論的錯誤。

筆者無法猜測徐教授所謂「說不通」是那一種意義。如果解釋做第一個意思，則他後半段所舉的兩個例子，又顯然是企圖說明「推論正確，結論不一定眞」。如果解釋做第二個意思，則推論錯誤，結論不一定假，因而「固然離開邏輯和數學也行不通」這一句話又無法解釋。所以不管徐教授的「不通」是那一種「不通」，都是說不通的。

徐教授應將下面兩點分別說明清楚：

A、在邏輯上可能的，事實上不一定可能；在邏輯上不可能的，在事實上也一定不可能。

在事實上可能的，邏輯上一定可能；在事實上不可能的，在邏輯上不一定不可能。

B、推論正確，前提眞，則結論必定眞；推論錯誤，或前提假，則結論可能眞，也可能假。

再者，徐教授所擧的兩個例子都不是「正確的推論」。我想任何一個讀過邏輯入門書的人都能辨明，無須在此詳述。

結論

最後，筆者想根據個人的看法，對本書做幾點概括的批評：

①對於一個很少注意思考問題的讀者，此書尙值得一讀，有些地方會給你一些啓示。

②對於想要多學一點語意學的人，這並不是一本理想的入門書。因爲它老是在語意學的門口表演緊急煞車，始終未能奪門而入。

③偶爾提到一些比較專門的問題，但敍述不够精確，有些地方甚至發生錯誤。

也許有人認爲，對一本較通俗或較淺近的讀物，不宜如此苛求。但筆者的看法剛剛相反。專門著作的讀者具有較强的辨誤能力。通俗讀物的讀者，則大多跟著作者走。如果作者「誤入歧途」，讀者也要跟着多走一段寃枉路。

註 語意學概要，臺北三民書店經銷。

原載「公論報」（一九六五、六、十）副刊，修改後重載於「書評書目」双月刊第五期（一九七三、五、一）

現代邏輯引論

A. H. Basson
D. J. O'Connor 合著

劉福增編譯　二百十八頁　五十五年八月　臺灣商務印書館印行

此書原名為 "*Introduction to Symbolic Logic*"（註一）是一本相當有名的符號邏輯入門書。保羅・愛德華 (Paul Edwards) 教授主編的「哲學百科全書」（註二）第五卷中，「現代邏輯」一項所列舉的三本入門書即包含本書在內（註三）。本文評介的對象是此書的英文原著及其中譯本。

一　內容評介

一般符號邏輯課本至少包括命題演算（或稱「語句邏輯」）及述詞演算（或稱「量限邏輯」）兩部門。本書即以這兩部門為主要題材。全書共六章，第I章導論，第II章至第IV章介紹命題演算，第V、第VI兩章介紹述詞演算；另有附錄一篇，介紹三段論法、類代數及布爾代數。

本書有下列兩項特色：

(1)對某些與邏輯有關的語意學概念，解釋頗為詳細。在理論上，邏輯上的重要概念——諸如「推衍」、「證明」、「可導性」、「邏輯定理」、「可定義性」……等等——以及邏輯規則可直接從語法學的概念來引介，而不一定要從語意學概念入手。例如：我們可以列出下面的邏輯規則：

從φ→ψ和φ，可導出ψ。

而不必說明：φ和ψ表示任意語句，‘→’表示「如果……，則……」；也不必說明：若φ→ψ和φ為真，則ψ為真。同樣的，我們也可以把「邏輯定理」定義成：「只根據邏輯規則即可導出的式子」；而不必說明：邏輯定理在任何情況下皆為眞，不可能為假。

雖然在理論上可能完全由語法學的概念來介紹邏輯；但在實際上，一本邏輯書若不涉及語意學的概念——諸如「眞」、「假」、「涵蘊」、「有效」……等等——則讀者將只學會一些符號遊戲，而不瞭解邏輯在推理上的功能。因此，一般邏輯書大多由語意學的概念入手；雖然也有從語法學入手的，但在介紹過語法學的概念之後，總會涉及語意學的概念。可見，由語意學的概念入手並不能算是本書的特色（註四），本書的特色在於對語意學概念解釋之詳細。通常邏輯書在簡單介紹過一些語意學的概念之後，就引進符號邏輯的主題——推論規則。本書則對「眞値函數」、「眞値表」、「等值」、「論域」、「可滿足性」等語意學概念做極詳細的解說；而對推論規則反而語焉不詳，甚至沒有提供一套完備的推論規則。

本書雖然對某些語意學概念解說較一般邏輯書詳細，但也未做有系統的介紹；因此，它不能做爲語意學或模型論的敎本。

(2)採用公理法而不用自然演繹法。所謂「公理法」是把一切有效的句式構成公理系統。詳言之，以某幾個有效句式做爲公理，並設計幾條推論規則；一方面，根據推論規則由公理導出的句式必定有效；另一方面，一切有效句式必然可根據推論規則由公理導出。所謂「自然演繹法」是設計一套由前提導出結論的規則，並沒有把任何有效句式當做公理。一般言之，我們若要把邏輯當做推理的工具，則自然演繹法較爲合用；反之，若要對邏輯本身做理論性的探討，例如：要證明後設定理，則公理法較爲方便。

本書雖然採用公理法，並且對公理法的基本概念做了詳細的介紹；但並沒有把公理系統加以推展，在述詞演算部門甚至連公理都未列出。

從上面兩點看來，本書既不能做爲語意學的教本，又不適於當做自然演繹法或公理法的邏輯課本。它是一本解說詳細易懂而內容不完備的入門書；初學者把它當做參考輔助讀物最爲適宜。

二　原著的疏誤

羅素曾說過：「一本書應該明白易曉或正確無誤，但不可能兩者兼顧。」一本入門書，爲了使初學者容易領會，有時確實需要犧牲某種程度的精確性，這種不精確的地方不能算是疏誤。本節所列舉的疏誤不包括這種情形在內。現在把原著中的疏誤列舉如下：

(1)原著第四十九、五十兩頁（中譯本第五十三頁）說明結合律的地方說：

They express the fact that the grouping of expressions containing only '•' as a constant (or 'V' as a constant) is immaterial to the validity of the expression.

此處原作者使用「有效性」(validity) 是不妥當的。我們知道：使用結合律把一個式子寫成另一式子，其邏輯意義不變，不可能影響其眞值；不僅不影響有效性而已。一條規則若不可能影響眞值，則必定不會改變一個式子的邏輯意義，因而不致影響有效性。反之，不影響有效性的規則卻可能影響眞值；例如：本書中的「一律代換規則」RST1（原著第六十九頁，中譯本第七十九頁）不可能使一個有效的式子變成無效，但可能使一個眞的式子變成假的。本書此處（第Ⅲ章第6節）列出 RF1~RF20 等二十個有效式的目的，並不僅要用來導出其他有效式；在第Ⅲ章第8節中還把它們當做推論規則用來由前提導出結論。因此，必須保證：使用 RF1~RF20 不致影響眞值，僅僅不致影響有效性是不够的。若只能保證不影響有效性，則我們只能保證：若前提有效，則結論有效；不能保證：若前提眞，則結論眞。

其實，原著既然認爲

PF10:(p.(q.r))≡(p.q).r)

RF11:(pv(qvr))≡(pvq)vr)

是「邏輯的眞」，則'≡'左右兩邊的式子必然眞值相同；由左式改成右式，或由右式改成左式，皆不可能影響眞值。可見，原文中「有效性」一詞改爲「眞值」(truth-value) 較妥。

⑵原著第五十三頁（中譯本第五十七頁）有下列定理：

Theorem 4: A CNF is a tautology if and only if each of its component disjuncts is a tautology.

CNF 是一個連併式 (conjunction)，它的連項 (conjuncts) 都是選取式 (disjunction)，而每

一個選取式的每一個選項 (disjunct) 必定是命題變元或命題變元的否定。一個連併式要成爲恒眞式 (tautology) 的充分必要條件是：它的每一個連項都是恒眞式。CNF 的每一個連項既然都是選取式，則一個 CNF 成爲恒眞式的充分必要條件是：構成該 CNF 的每一個選取式都是恒眞式。可見，上列定理中「選取項」(disjuncts) 一詞應改成「選取式」(disjunctions)。

其實，一個 CNF 中所含的選取項必定是命題變元或命題變元的否定，絕無成爲恒眞式的可能。

原著第九十四頁（中譯本第一〇六頁）定理10之中的「選項」一詞也應改成「選取式」。理由相似，不再贅述。

(3)原著第六十八頁（中譯本第七十八頁）中對於「對應括弧」的說明是錯誤的。按照原作者的說明：一個左向括弧與一個右向括弧之間若含有 n 個左向括弧，而且該右向括弧是該左向括弧之後的第 (n+1) 個右向括弧，則它們兩個是互相對應的括弧。根據這個說明，下列式子中的第三個左向括弧與第二個右向括弧是互相對應的：

$$(((p\supset q)\supset(p\supset r))\supset(q\supset r))\vee(s\vee t)$$

這顯然是錯誤的。現在試擬「對應括弧」的正確定義如下：

(a)若一個左向括弧在一個右向括弧之左，且它們之間無任何括弧，則它們是互相對應的括弧；

(b)若一個左向括弧在一個右向括弧之左，且它們之間有 n 對（n 爲正整數）互相對應的括弧，則它們是互相對應的括弧。

(4)原著第一三二頁（中譯本第一五一頁）把「空類」(null class) 寫成“〔O〕”，這是錯誤的。按照原作者自己在同頁中的註腳所做的說明，“〔O〕”應該是指含有O爲元素的單類 (unit class)，而不應該是指空類。通常用「O」、「φ」、或「Λ」來指空類，但外面不能再加括號“〔 〕”。

三　中譯本的疏誤

中譯本對原著的疏誤並沒有改正。除此之外，中譯本之中還有一些譯者的疏誤。現列舉如下：

(1)中譯本第三十一頁（原著第二十九頁）解釋「等值函應」的地方說：

兩個具有相同的眞值表的命辭，我們稱它們爲等值的或實質等值。

其中「表」字應刪除。因爲兩個實質等值的命題（或譯作「命辭」），只是眞值相同，它們的眞值表不一定相同。如果眞值表相同，則它們是形式等值，不僅實質等值。原著也只說：「相同的眞值」(same truth-value)，並沒有說：「相同的眞值表」(same truth table)。

(2)中譯本第三十七頁（原著第三十四頁）說明用眞値表檢驗論證的有效性之前有下列一段文字：

從上面的分析，我們知道各種眞値函應是互相倚賴的。直到目前爲止，我們只用眞値表做爲說明這種意念之一便利的設計。

這是第三章開頭的一句話（原文是一句話，中譯本譯成兩句）。在第二章，原作者用眞値表界定各種眞値函數（譯者譯成函應）；眞値函數有一性質，即：複句的眞値是依其所含成分語句之眞値而決定的。原著中所謂 “truth-functional dependence” 即指此而言，並非指各種眞値函數間的互相倚賴。

(3)中譯本第四十一頁（原著第三十八頁）把一個例句譯錯了。“He is not both ambitious and hardworking”. 應譯成「他並非旣有雄心且又苦幹。」譯者誤譯爲：「他旣無雄心而且也不苦幹。」後面這句譯文寫成邏輯符號式是 “$\sim p \cdot \sim q$”，而非 “$\sim(p \cdot q)$”。

(4)中譯本第五十頁（原著第四十七頁）解釋「適眞式」的地方，譯者添加了下面一個句子：所謂適眞是指可以爲有效，但不必爲有效。

這句說明是原著所沒有的。加上這句說明，不但沒有幫助讀者瞭解，反而導致觀念的混淆。我們知道：在命題演算中有效的句式，在述詞演算中也是有效的；在命題演算中矛盾的句式，在述詞演算中也是矛盾的；但是，在命題演算中適眞的句式，在述詞演算中可能是有效的，可能是矛盾的，也可能仍然是適眞的。譯者所說的「可以為有效，但不必為有效」，應該是指此而言。然而，這只是說明有效性在命題演算與述詞演算之間的關係，不能當做「適眞」一詞的解釋。況且到第五十頁為止，根本還沒有介紹述詞演算，譯者這句說明很容易導致誤解。因此，評者建議：把命題演算與述詞演算之間有效性的關係，移到第五章第四節（中譯本第一一九～一二一頁）去說明。若要幫助讀者瞭解「適眞」的意義，則不妨把這句附加的說明改成：

所謂適眞是指可以為眞，但不必為眞。

(5)中譯本第六十二頁（原著第五十九頁）最後一段文字如下：

從參考公式我們得知，若令 'Q'≡'T' 而 'R'≡'~U'，則我們可把(4)寫成：(5)……

原著的文字如下：

... and we know from our reference formulae that, for example, 'Q≡T' and 'R≡~U', then we may write (4) as: (5) ...

細繹原文的文法結構及其上下文，此段文字可譯成：

舉例言之，我們若從參考公式得知 'Q≡T' 及 'R≡~U'，則我們可把(4)寫成：(5)…

從參考公式得知的只是：'Q≡~T' 及 'R≡~U'；而非「若令 'Q≡T' 而 'R≡~U'，則我們可把(4)寫成：(5)……。」我們得知(4)可寫成(5)，乃是根據代換推衍，並非由參考公式。

再者，譯文中「'Q'≡'T' 而 'R'≡'~U'」內的引號也排錯了。

(6)中譯本第一〇〇頁（原著第八十八頁）開頭有下列文字：

我們將可看出應用 DR1 常能消除 D2, RST1, 及 RST3 之使用。

這句話與原文的意思恰恰相反。原文是：

It will be seen that an application of DR1 can always be eliminated in favour of D2, RST1, and two applications of RST3.

這段文字的主旨在說明：導出規則 (derived rule) 只是爲實際上的方便，在理論上是多餘的；DR1 之使用，可藉 D2, RST1, 及 RST3 應用而消除。譯者忽略了原文的被動語態。

(7)中譯本第一二七頁（原著第一一三頁）第五章第八節開頭有下列一段很難懂的文字：

讀者……注意到偏稱辨量與全稱辨量記號之間的邏輯運作所生之某一類似性，和邏輯常元 'V' 及 '·' 之間的邏輯運作所生的一種類似性。

原著的文字是這樣的：

The reader may have noticed ……a certain similarity of logical behaviour between the particular and the universal quantifiers on the one hand and the logical constants 'V' and '·' on the other.

此段文字的意思是：

偏稱量詞與全稱量詞之間的邏輯運作，和邏輯常元「V」與「·」之間的邏輯運作，這兩種運作之間有種類似。讀者也許已注意到這個類似性。

中譯本「類似性」一詞出現兩次，致使文意曖昧不明。

(8)中譯本從第一三四頁至第一五三頁（原著從第一一九頁至第一三四頁）共有五個地方把「可滿足的」(satisfiable) 一詞改譯成「可眞的」；甚至在同一句話中，有的譯成「可滿足的」，有的譯成「可眞的。」這樣很容易使讀者誤認爲兩詞之間有不同的意義。

(9)中譯本第一四九頁（原著第一三〇、一三一兩頁）最後一段文字未照原著全譯。本書封面上寫明是「編譯」，不關緊要的地方稍加刪節本無不可，譯者在別處也有所刪節。然而此處却刪得上下文字不連貫，走失原意。原文大意是說：

多位述詞，乍看之下，與一位述詞無多大差異，所不同的只是一位述詞只規範一件事物，而多位述詞却規範多件事物。然而，這個差異在邏輯上是很重要的。

中譯本沒有把原著的意思說清楚。

(10)中譯本第一五一頁（原著第一三二、一三三兩頁）中兩次出現下列文字：

……定義這八類中之一個或多個……

其實，既然假定該論域只有A、B、C三件事物，而這八個類又已窮盡了{A, B, C}的所有子類 (subclass)，則任一述詞必界定該八類中的一類，且僅能界定一類。我們無法想像一個述詞可以界定該八類中的兩類或三類，除非這個述詞本身具有歧義。原著中“one or other”不能譯作「一個或多個」。

(ii)中譯本尚有些錯誤，顯然是由於譯者的筆誤或手民的誤植。例如：「客觀」誤爲「容觀」、「採用」誤爲「推用」、「字母」誤爲「宇母」等等。現在只把可能誤導初學者的地方列擧如下（以下頁數都是中譯本的頁數）：

(a)第五十四頁最後一行有兩個「RF17」，其中第一個應改成「RF7」。

(b)第八十五頁最後一行「一致」兩字應改成「完備」。

(c)第八十八頁第三行「如果 AX 在內……」應改成「如果在 AX 之內……」。

(d)第一〇六頁第六、七兩行的兩個「p」字都應大寫。

即　(kv~k)∪(pv(kv~k))

應改成　(kv~k)∪(Pv(kv~k))，

而　pv(kv~k)

應改成 Pv(kv~k)。

同頁第十四行的式子漏掉一個括弧，

即 Qv((pvk)v~k

應改成 Qv((pvk)v~k)。

(e)第一一三頁第一個論證的例子，結論沒有譯出；但前提既已齊全，讀者不妨把它當做習題，自己寫出結論。

(f)第一一五頁第三行的兩個「X」都應改成小寫字母。

(g)第一四五頁倒數第六行的「(ii)」應改成「(iii)」。

(h)第一五三頁倒數第三行「非空範域」一詞之前應加上「有限的」三字。

(i)第一五五頁第八行的「a_j Pa_m」應改成「a_m Ra_j」。同頁倒數第五行漏一「k」字，

即 因對任何數來說，……

應改成 因對任何數k來說，……

(j)第一五七頁最末行「明白斷定所有東西存在」中的「所」字應刪掉。

(k)第一六六頁第七、八行「那麼我就把一個竊盜……」應改成「那麼我就把每一個竊盜……」

(l)第一七六頁第十七行的「(9)$A'\cap B\cup B'$」應改成「(9)$(A'\cap B)\cup B'$」。

(m)第一七八頁倒數第三行的「第六章」應改成「第四章」。

(n)第一八〇頁第三行右側應加註「依12」字樣。同頁第五行「$1(A\cap C)\cup 1(B'\cap C)$」應改成「$(1\cap(A\cap C))\cup(1\cap(B'\cap C))$」。

(o)第一八一頁第十行的式子，最後一對括弧內的「$(S\cap M'\cup P')$」應改成「$(S\cap M'\cap P')$」。

(p)第一八三頁最末行的「$(A\cup B)'\cap(B\cup C')'\cup(A\cap C)$」應改成「$((A\cup B)'\cap(B\cup C')')\cup(A\cap C)$」。

四　中譯本所做的變動

中譯本除做極少部分的文字變動並添加討論題之外，還刪掉原著的進修書目，而以一份臺灣翻印的外文邏輯書目來代替（註五）。原著的進修書目中所列的書籍，大多已經過時，刪掉並不可惜。但是譯者附加的臺版書目也已過時了：其中有許多書目前市面上已無法購得，而最近翻印的一些非常好的書又沒有列出（註六）。臺灣翻印的外文書大多沒有版權，這樣的書目必然很快就會過時的。

註一 此書於一九五三年在倫敦初版，一九五七年再版，一九五九年三版。中譯本是根據一九六二年重印的三版本。

註二 *The Encyclopedia of Philosophy*, New York, 1967。臺北虹橋書店有民國五十七年的法定臺灣版本。

註三 其他兩本是：

Patrick Suppes and Shirley Hill, *A First Couse in Mathematical Logic* (NewYork, 1964)

W.V. Quine, *Elementary Logic* (rev. ed. New York, 1965).

前一本雖名爲「數理邏輯」，其實只是初等邏輯而已。作者還特別指明是爲高中學生及大一學生而編寫的。有劉福增先生的中譯本。

註四 羅業宏先生在「邏輯參考書簡介」一文即指出從語意學入手爲本書的特點。羅先生此文現在成爲本書中譯本的附錄，見（註五）。

註五 這份書目是羅業宏先生編寫的「邏輯參考書目簡介」（原載出版月刊第二卷第一期，民國五十五年六月一日出版）。

註六 例如

①Benson Mates, *Elementary Logic* (NewYork, 1965) 歐亞。

②Elliott Mendelson, *Introduction to Mathematical Logic* (Princeton,1964)美亞。

③Joseph R. Shoenfield, *Mathematical Logic* (Massachusetts, 1967)虹橋。

④Richmond H. Tomason, *Symbolic Logic* (Toronto, 1970) 雙葉。

原載「書評書目」双月刊第八期（一九七三、十一、一）

公設彼此矛盾的結果

李新民、徐道寧、郭燮昌等人合編的高級中學數學第一冊（東華書局印行，民國六十二年八月修訂一版）第13頁有下面一段文字：

當然，所選取的一組公設絕不能有彼此矛盾之處，否則就無法用推理方式得出其他的正確結果來了。

這段說明是錯誤的。因爲從一組彼此矛盾的公設可推出任何結果，包括正確的結果與不正確的結果。現在詳細加以說明。

所謂「一組公設彼此矛盾」，意思是說：有一個語句及其否定句可從這組公設推出。設這個語句爲“P”，則其否定句爲“非 P”。從“P”和“非P”可推出任意語句“N”。其方法如下：

（Ⅰ）從"P"可推出"P或N"。

理由："P 或 N" 的意思是："P" 與 "N" 兩句中至少有一句正確（參看課本第二十八、二十九頁）。因此，若已知 "P" 正確，則 "P 或 N" 必正確。換言之，從 "P" 可推出 "P 或 N"。

（Ⅱ）從 "P 或 N" 及 "非 P" 可推出 "N"。

理由："P 或 N" 的意思是："P" 與 "N" 兩句中至少有一句正確；"非 P" 的意思是："P" 不正確。因此，若已知 "P 或 N" 及 "非P" 正確，則 "N" 必正確。換言之，從 "P 或 N"及" 非 P" 可推出 "N"。

（Ⅲ）從 "P" 及 "非 P" 可推出 "N"。

理由：從 "P 或 N"及" 非 P" 可推出 "N"（Ⅱ），而 "P 或 N" 又可從 "P" 推出（Ⅰ）；因此，從 "P" 及"非 P" 就可推出 "N"。

可見，一組公設若彼此矛盾，則可用推理方式推導出任意語句，換言之，任何結果皆可推得。課本上所說「無法用推理方式得出其他的正確結果來」，顯然是錯誤的。

我們之所以不要使公設彼此矛盾，並不是因爲從這組公設得不出其他正確的結果；相反的，是因爲所有正確的結果及不正確的結果全部可從這組公設推出來。粗淺的說，理想的一組公設是：能推出所有正確的結果而推不出任何不正確的結果。在某些情況下，我們無法選取這樣理想的一組公設，只好退而求其次：不求能推出所有正確的結果而只求推不出任何不正確的結果。一組彼此矛盾的公設連這項要求都不能滿足。因此，我們不要這樣的一組公設。

從一組彼此矛盾的公設既可推出不正確的結果，則這組公設中必定含有不正確的公設；因爲從正確的公設所推出的結果必定是正確的。不正確的公設，我們當然不接受。很明顯的，我們不使一組公設彼此矛盾，乃是爲了要避免不正確的公設及定理，而不是爲了推得其他正確的定理。

原載「太平洋雜誌」創刊號（一九七三、十、三十）

何著「記號學導論」中的一項錯誤

胡基峻先生在「評何秀煌的『記號學導論』」一文中曾表示：該書並非沒有錯誤，但那些錯誤讀者可自行改正。然而，筆者發現有一個錯誤是初學者很難自行改正而容易產生誤導的。

原書第三〇四頁說明「完備性」（completeness 何先生譯做「完全」）的地方及其註腳如下：

(2)完全──所謂「完全」就是由這組設理，我們可以推衍得出所有對的語式（註）。

註一　根據 Gödel 的證明，一個系統若一貫，則不完全。此證明指出「設理化系統」的限制。

作者此處（第十七章）是說明一個公理化（作者稱爲「設理化」）邏輯系統的完備性，而不是說明數論或其他系統的完備性。假定作者不是說明邏輯系統的完備性，則完備性的定義應如下：

設ϕ爲該系統中的一個語句，則ϕ與$-\phi$之中至少必須有一個可以推衍出來。

作者沒有這樣定義，可見他只指邏輯系統而言。既然如此，則(註)的說明是錯誤的。因爲 Kurt Gödel 證明了邏輯系統可以既一貫又完備。他並沒有證明一切系統若一貫則不完備。他只是證明：數論系統若一貫則不完備。作者把兩者混爲一談，很容易使讀者誤認爲邏輯系統或一切系統都不可能既一貫又完備。

原載「書評書目」双月刊第六期（一九七三、七、一）

Mary Hesse 論 Nelson Goodman 的簡單性理論

Mary Hesse 教授在 Paul Edwards 教授主編的哲學百科全書 (*The Encyclopedia of Philosophy*, Crowell Collier and Macmillan, Inc., 1967) 第七卷第 447~448 頁介紹了 Nelson Goodman 教授的簡單性理論。其中有下面一段文字：

…Consider a language containing one two-place predicate R(x,y). The predicate R can always be replaced by two one-place predicates, P(x) and Q(x)—where P is "is a member of the domain of R", and Q is "is a member of the converse domain of R". It is not the case, however, that two one-place predicates can always be replaced by one two-place predicate, except under special conditions of symmetry or self-completeness (the condition that there are pairs of individuals always associated by R).

這段文字中有五個錯誤：

（I）一個二元述詞，除了特殊情形之外（例如自備性—self-complete），通常不一定可被兩個一元述詞所取代。設R爲一個二元述詞，我們不一定能找到兩個一元述詞來定義它。Hesse認爲可以把兩個一元述詞P和Q解釋爲

(1) $P(x):(\exists z)R(x,z)$

(2) $Q(x):(\exists z)R(z,x)$

然後利用P和Q對R做如下的定義

(3) $R(x,y)\leftrightarrow_{df}(P(x)\&Q(y))$。

但是，按照(1)和(2)，此定義右邊的意義爲$((\exists z)R(x,z)\&(\exists z)R(z,y))$，與$R(x,y)$的意義並不相同。現證明如下：

設論域D爲$\{a,b,c,d\}$，R的外延爲$\{<a,b>,<c,d>\}$，則按照(1)和(2)，P的外延爲{a, c}，Q的外延爲$\{b,d\}$，因而$((\exists z)R(x,z)\&(\exists z)R(z,y))$的外延爲$\{<a,b>,<a,d>,<c,b>,<c,d>\}$，與$R$的外延並不相同。

Goodman 在 *The Structure of Appearance* 一書第64～65頁有很清楚的說明。他在第65頁明白的寫出：

> …we cannot always replace an n-place predicate by a set of two or more predicates having a total of n places.

可見，Hesse 認爲一個二元述詞 R 一定可被兩個一元述詞 P 和 Q 所取代，顯然是錯誤的。

（Ⅱ）兩個一元述詞，只要具有適用性 (applicability)，一定可被一個二元述詞所取代。設 P 和 Q 皆爲一元述詞，我們可以把一個二元述詞 R 解釋爲：

(4) $R(x,y):(P(x)\&Q(y))$，

然後利用 R 來定義 P 和 Q：

(5) $P(x)\leftrightarrow_{df}(\exists z)R(x,z)$

(6) $Q(x)\leftrightarrow_{df}(\exists z)R(z,x)$

按照 (4)，(5) 的右邊的意義爲 $(\exists z)(P(x)\&Q(z))$，亦即 $(P(x)\&(\exists z)Q(z))$，比左邊「$P(x)$」多了「$(\exists z)Q(z)$」。我們若能保證「$(\exists z)Q(z)$」爲眞，則「$P(x)$」與「$P(x)\&(Ez)Q(z)$」的眞假相同，而 (5) 即可成立。同理，我們若能保證「$(\exists z)P(z)$」爲眞，則 (6) 亦可成立。

P 和 Q 既可利用二元述詞 R 來定義，則我們可以用 R 來取代 P 和 Q。詳言之，設 α 爲任意變

元，β 爲任意常元或相異於 α 的任意變元，$P(\beta)$ 可用 $(\exists\alpha)R(\beta,\alpha)$ 來取代，$Q(\beta)$ 可用 $(\exists\alpha)R(\alpha,\beta)$ 來取代。

總之，兩個一元述詞 P 和 Q，只要具有適用性，換言之，只要至少有一個個體具有性質 P（亦即 $(\exists z)P(z)$），至少有一個個體具有性質 Q（亦即 $(\exists z)Q(z)$），則一定可找到一個二元述詞 R 來取代 P 和 Q。Goodman 在同書第64～65頁有詳細的說明。他在第65頁明白寫出：

> Where all predicates are applicable, we can always replace a set of predicates having a total of n places by a single n-place predicate, …

Hesse 認爲：除了對稱性（symmetry）或自備性（self-completeness）等特殊條件之外，兩個一元述詞不一定能被一個二元述詞所取代。Hesse 顯然又犯了另一個明顯的錯誤。

（Ⅲ）在通常情況下，一個二元述詞不一定能被兩個一元述詞所取代；但是，一個二元述詞若具有自備性，則可被兩個一元述詞所取代。按照 Goodman 的定義，一個二元述詞 R 具有自備性，意即：

(7)　$(x)(y)(((\exists z)R(x,z)\&(\mathrm{E}z)R(z,y))\rightarrow R(x,y))$。

R 若具此性質，則 $R(x,y)$ 與 $((\exists z)R(x,z)\&(\exists z)R(z,y)$ 意義相同，因爲 $(x)(y)(((\exists z)R(x,z)\&(\exists z)R(z,y))\rightarrow R(x,y))\vdash(x)(y)(R(x,y)\leftrightarrow((\exists z)R(x,z)\&(\exists z)R(z,y)))$。我們在

（Ⅰ）指出（3）不成立，乃是因爲 $R(x,y)$ 和 $((\exists z)R(x,z)\&(\exists z)R(z,y))$ 的意義不相同；現在它們的意義既然相同，則（3）可以成立，因而二元述詞 R 可被兩個一元述詞 P 和 Q 所取代。Goodman 在同書第72頁寫道：

> Let us call a two-place predicate self-complete if it combines each occupant of its first place with each other occupant of its second.…It can always be replaced by two one-place predicates.

換言之，自備性是一個二元述詞可被兩個一元述詞取代的特殊條件；然而 Hesse 却誤認爲是兩個一元述詞可被一個二元述詞取代的特殊條件。

（Ⅳ）兩個具有適用性的一元述詞 P 和 Q 一定可被一個二元述詞 R 所取代。但若 P 和 Q 的外延互不相同，則 R 必須是一個非對稱的二元述詞。因爲若 R 具有對稱性 (symmetry)，換言之，若 $(x)(y)(R(x,y)\rightarrow R(y,x))$；則 $(\exists z)R(x,z)$ 與 $(\exists z)R(z,x)$ 的外延相同；因而按照（5）和（6），P 和 Q 的外延相同。可見一個具有對稱性的二元述詞不能用來取代兩個外延互不相同的一元述詞。Goodman 在同書第68頁所說

> Two one-place predicates cannot always be replaced by some symmetrical two-place predicate;…

卽指此而言。對稱性是兩個一元述詞可被一個二元述詞取代的障碍；Hesse 却把它誤認爲是兩個一元述詞可被一個二元述詞取代的特殊條件。

（V）本文開頭所引述 Hesse 的那段文字中，最後括弧內的文字其實是說二元述詞 R 具有適用性，亦卽 $(\exists x)(\exists y)R(x,y)$。Hesse 却以括弧內的文字說明自備性的含意，也是一項明顯的錯誤。

（本文有一部分文字取自作者所撰「科學假設的簡單性」一文，該文撰寫期間曾獲國科會之補助，特此申致謝意。）

原載台大「哲學論評」第三期（一九七三、五）

Richard M. Martin 著 *Truth and Denotation* 商榷

筆者閱讀 R. M. Martin 教授的 *Truth and Denotation* (University of Chicago Press, 1958年版) 後，發現有一些值得商榷的問題；現在把它們詳列於下，以就教於該書的作者及讀者。

1. 一個公理或定理若為條件句，則與此公理或定理對應的導出規則 (derived rule 簡稱「*DR*」) 如下：

若其前件為公理或定理，則其後件必為公理或定理。

換言之，$\vdash A \supset B$ 的 *DR* 是：

若 $\vdash A$，則 $\vdash B$。

若公理或定理之後件仍爲條件句，亦卽 $\vdash A\supset(B\supset C)$，則其 DR 有二：

（i）若 $\vdash A$，則 $\vdash B\supset C$。

（ii）若 $\vdash A$，且 $\vdash B$，則 $\vdash C$。

本書第四十二頁說明導出規則時，只列出（ii），而沒有列出（i）；在第三十九頁列出 $R4$ 的 DR 時，也只提到

若 $\vdash A\supset B$，且 $\vdash C\vee A$，則 $\vdash C\vee B$。

而沒有提到

若 $\vdash A\supset B$，則 $\vdash(C\vee A)\supset(C\vee B)$。

其實，作者在後面提到 DR-$R4$ 的地方，大多是指後者，而非指前者。例如：第四十頁倒數第二行，第四十一頁第十一行、第二十一行、第三十二行，第四十三頁第三行，以及第四十六頁第二十三行等指到 DR-$R4$ 的地方，皆指後者而言。

同樣的，$TB1\ \vdash(A\supset B)\supset((C\supset A)\supset(C\supset B))$ 的 DR 有下列三個：

（i）若 $\vdash A\supset B$，則 $\vdash(C\supset A)\supset(C\supset B)$。

（ii）若 $\vdash A\supset B$，且 $\vdash C\supset A$，則 $\vdash C\supset B$。

（iii）若 $\vdash A\supset B$，$\vdash C\supset A$，且 $\vdash C$，則 $\vdash B$。

2.第四十四頁 *DR-Repl* 3 的證明只證出：若D是C中每一個A都被B取代之後所得的結果，則C和D等值（卽$\vdash C\cup D$且$\vdash D\cup C$）；並未證出：若D是C中某些A（而非每一個A）被B取代之後所得的結果，則C和D等值。

在證明過程中，設D_1是C中最左邊的A被B取代之後所得的結果；D_2是D_1中最左邊的A被B取代之後所得的結果，換言之，D_2是C中最左邊的兩個A被B取代之後所得的結果；$D_3, D_4 \cdots\cdots D_n$依此類推。根據 *DR-Repl* 2，$C$和$D_1$等值，$D_1$和$D_2$等值，……$D_{n-1}$和$D_n$等值；因而，$C$和$D_n$等值，若$C$中共有$n$個$A$，則$D_n$就是$D$。

其實，若D是C中左邊的第二個A被B取代之後所得的結果，則C和D仍然等值。這種取代也是 DR-*Repl* 3 所允許的；然而，依據上述的證明，必須先取代最左邊的第一個A之後，纔能取代第二個A；未取代第一個A而逕行取代第二個A的情形，並未加以證明。爲了要使這種取代也得到證明，我們可以把原證明中的D_1當做是C中某一個（而不一定是最左邊的一個）A被B取代之後所得的結果；D_2當做是D_1中某一個A被B取代之後所得的結果，換言之，D_2是C中某兩個A被B取代之後所得的結果。

做了上述修改之後，仍然可依據 *DR-Repl* 2 來證明：C和D_1等值，D_1和D_2等值，……D_{n-1}和D_n等值；因而C和D_n等值，亦卽C和D等值。因爲 *DR-Repl* 2 已經把 DR-

*Repl*1 的(c)取消，因而並未限制一定要取代最左邊的A。

3. 第四十四頁倒數第五行的「*TB*10」應改為「*DR–TB*10」。因為依據 *TB*3 得

$$\vdash(\sim A \vee \sim B) \vee \sim(\sim A \vee \sim B)，$$

而由上式得

$$\vdash \sim A \vee(\sim B \vee \sim(\sim A \vee \sim B))，$$

是依據 *DR–TB*10，而非依據 *TB*10。

4. 第五十一頁第二十九～三十一行限制此後「*F*」、「*G*」、和「*H*」等後設語言符號為一元述詞（包括 one-place primitive predicate constants 及不含自由變元的 one-place abstracts 兩種）之變元。按照此項限制，在第五十三頁中，我們無法從 *R*8 導出 *TE*1。如果 *R*8 中的「*F*」可含自由變元，則 *TE*1 可證明如下：

由 *R*8 可得

$$\vdash x=y \supset (w \ni (w=z)x \supset w \ni (w=z)y)，$$

再依據 *Abst* 及 *DR–Repl* 5，可由上式得

$$\vdash x=y \supset (x=z \supset y=z)。$$

反之，若限制「*F*」必須不含自由變元，則因為「$w \ni (w=z)$」中的「*z*」乃泛指一切的詞

(term)，包括變元在內，故不能以「$w^3(w=z)$」取代 $R8$ 中的「F」；因而無法完成上述證明。

假若 *Gen.* 規則允許把常元改成變元，則我們可以先假設「z'」是常元，證出

$$\vdash x=y\cup(x=z'\cup y=z')\text{，}$$

然後依據 *Gen.* 規則，由上式得

$$\vdash(z)(x=y\cup(x=z\cup y=z))\text{.}$$

再依據 DR–$R5$，由上式得

$$\vdash x=y\cup(x=z\cup y=z)\text{。}$$

然而，本書的 *Gen.* 規則只允在一個公理或定理之前添加全稱量詞，而不允許把原公理或定理中的常元改成變元。因此，上述證明也無法完成。

其實，作者在第八十八頁第七、八兩行中，用語法後設語言 (syntactical metelanguage) 來敍述 $R8$ 時，並未限制「F」不能含有自由變元：

'*Id Ax2a*' abbreviates '(Eb)(Ec)(Ed)(Ee)(*Fmla e. Vblb. Vblc. Vbld.a*=(*b*∩*id*∩*c hrsh*(*d*∩*invep*∩*e*∩*b hrsh d*∩*invep*∩*e*∩*c*)))'。

在上面的定義中，只指明 e 是一個句式（即 *Fmla e*），並未限制 e 中沒有 d 以外的其他自由變

元，亦卽並無「$(a')(a'FVe \supset a'=d)$」字樣。

5. 第76頁第20行的

$TC2 \vdash (a \cap (b \cap c)) = ((a \cap b) \cap c)$

可證明如下：

由 *Syn R*3可得

$\vdash e=(b \cap c) \cdot e'=(a \cap b) : \supset : (a \cap e)=(e' \cap c);$

依據 Gen. 規則，可由上式得

$\vdash (e)(e')(e=(b \cap c) \cdot e'=(a \cap b) : \supset : (a \cap e)=(e' \cap c));$

再依據 *DR–R*5，以 $(b \cap c)$ 取代 e，以 $(a \cap b)$ 取代 e'，可由上式得

$\vdash (b \cap c)=(b \cap c) \cdot (a \cap b)=(a \cap b) : \supset : (a \cap (b \cap c))=((a \cap b) \cap c)$，

最後，依據 *MP* 規則，卽可由 R7 及上式得 TC2。

可見，證明過程中用不到

$TC1a \vdash (a)(b)(Ec)c=(a \cap b)$，

因而第76頁第23行中的下列字眼應刪除：

using *TC*1*a* (to drop the hypotheses)。

6.第78頁第14行，

$\vdash a = ((a \cap b) \cap c) \cdot c = (e \cap b) : \supset : b = (b \cap c)$

中的第一個「c」字應改成「e」，而成爲

$\vdash a = ((a \cap b) \cap e) \cdot c = (e \cap b) : \supset : b = (b \cap c)$。

7.第94頁倒數第3行的「$dFVc$」應改爲「$cFVd$」，因爲在 $TG8j$ 中 d 是一個句式，而 c 是一個變元。

8.第128頁倒數第2行中的「$Emla\ a$」應改爲「$Fmla\ a$」。

9.第154頁第13～16行對無窮公理 (axiom of infinity) 做如下的說明：

The Axiom of Infinity assarts that there exists at least one non-null class x^3_1 of classes of individuals, every member of which contains a proper subclass which is also a member of x^3_1.

並在同頁第21, 22兩行，把上面的說明寫成如下的符號式：

$T3 \ \vdash (\text{E}x^3_1)((\text{E}x^2_1)x^2_1 \varepsilon x^3_1 \cdot (x^2_1)(x^2_1 \varepsilon x^3_1 \cdot \supset \cdot (\text{E}x^2_2)(x^2_2 \varepsilon x^3_1 \cdot x^2_2 \subset x^2_1 \cdot \sim x^2_1 \subset x^2_2)))$。

按照上面的說明及其符號式，設 x^2_1 爲無窮集合 x^3_1 的任意元素，則必有一個 x^2_1 之眞部分集合 (proper subset) x^2_2 爲 x^3_1 之元素。這顯然是錯誤的，因爲若 x^2_1 爲空集合，則 x^2_1 並無

眞部分集合。

無窮公理的正確意義如下：

有一非空集合 $x^3{}_1$；設 $x^2{}_1$ 爲 $x^3{}_1$ 的任意元素，則必有一集合 $x^2{}_2$ 爲 $x^3{}_1$ 之元素，且 $x^2{}_1$ 爲 $x^2{}_2$ 之眞部分集合。

據此，第13～16行的說明應改成

The Axiom of Infinity asserts that there exists at least one non-null class $x^3{}_1$ of classes of individuals, every member of which is a proper subclass of some member of $x^3{}_1$.

而 $T3$ 應改成

$$\vdash(\mathrm{E}x^3{}_1)((\mathrm{E}x^2{}_1)x^2{}_1\varepsilon x^3{}_1\cdot(x^2{}_1)(x^2{}_1\varepsilon x^3{}_1\cdot\supset\cdot(\mathrm{E}x^2{}_2)(x^2{}_2\varepsilon x^3{}_1\cdot x^2{}_1\subset x^2{}_2\cdot\sim x^2{}_2\subset x^2{}_1)))$$。

原載台大「哲學論評」第一期（一九七一、七）

確定描述詞與運算符號

I. 緒論

I. 1 本文的目的

運算符號可使用確定描述式來定義；而確定描述式有各種不同的處理方法。本文的目的是要從運算符號的觀點來比較各種處理方法的利弊。

I. 2 確定描述詞的意義及其問題

在邏輯上，我們可以使用個體常元 (individual constant) 來指稱個體，也可使用確定描述詞來指稱個體。確定描述詞通常寫成 $(\imath\alpha)\phi$，其中 α 為任意個體變元 (individual variable)，而

ϕ為不含 α 以外之其他自由個體變元的句式 (formula)。確定描述詞是把所要指稱的個體加以描述，根據它的描述，就可以確定它所指稱的個體。$(\iota\alpha)\phi$ 中的 ϕ 就是用來描述個體的句式，而 $(\iota\alpha)\phi$ 即用來指稱合於 ϕ 描述的個體；換言之，能滿足 ϕ 中之 α 的個體即為 $(\iota\alpha)\phi$ 所指稱的對象。如果能滿足 ϕ 中之 α 的個體恰好有一個，換言之，若

(1) $(\exists\beta)(\alpha)(\phi\longleftrightarrow\alpha=\beta)$（註一）

成立，則 $(\iota\alpha)\phi$ 即指稱該個體。反之，若能滿足 ϕ 中之 α 的個體不只一個或沒有任何個體能滿足 ϕ 中之 α，換言之，若

(2) $-(\exists\beta)(\alpha)(\phi\longleftrightarrow\alpha=\beta)$（註二）

成立，則 $(\iota\alpha)\phi$ 是否有意義？其意義為何？是否有所指？它所指稱的個體為何？等等都成為邏輯家爭論的問題。

I. 3 確定描述式

確定描述詞 $(\iota\alpha)\phi$ 中的 ϕ 不含 α 以外之其他自由個體變元。若 ϕ 含有 α 以外之其他自由個體變元，則 $(\iota\alpha)\phi$ 稱之為「開放確定描述式」(open definite descriptive form)；而確定描述詞亦可稱為「封閉確定描述式」(closed definite descriptive form)；兩者統稱之為「確定描述式」(definite descriptive form)。

確定描述詞和個體常元一樣，是用來指稱個體的；而開放確定描述式則和個體變元一樣，必須把個體常元代入其中的自由個體變元之後纔能指稱個體。個體變元雖然必須代以個體常元之後纔能指稱個體；但它卻可以直接做爲句式的構成部分，而不必先以個體常元加以取代。同樣的，開放確定描述式雖然必須把其中的自由個體變元代以個體常元之後纔能指稱個體；但它也可以直接做爲句式的構成部分。

I. 4　運算符號與確定描述詞的關係

設 θ 爲一個 n 元運算符號，$\alpha_1, \cdots\cdots \alpha_n$ 爲互不相同的個體變元。若以個體常元 $\beta_1, \cdots\cdots, \beta_n$ 取代運算式 $\theta(\alpha_1, \cdots\cdots, \alpha_n)$ 中的 $\alpha_1, \cdots\cdots, \alpha_n$，則所得的運算式 $\theta(\beta_1, \cdots\cdots, \beta_n)$ 即指稱個體。但含有變元的運算式可以直接做爲句式的構成部分，而不必先以個體常元加以取代。這些性質都與開放確定描述式的性質相同。因此，我們可以使用開放確定描述式來定義運算符號，其定義如下：

$$(3)\quad \theta(\alpha_1, \cdots\cdots, \alpha_n) =_{df} (\imath\alpha)\phi$$

(3)中的 θ 爲 n 元運算符號；$\alpha, \alpha_1, \cdots\cdots, \alpha_n$ 爲互不相同的個體變元；ϕ 爲一句式，其中不含 $\alpha, \alpha_1, \cdots\cdots, \alpha_n$ 以外之其他自由個體變元。例如：在一般數學中，二元運算符號「－」（減號）可定義如下：

(4)　$x-y=_{df}(\iota z)(x=y+z)$。

在數學上，對運算符號有一項要求，即：n 個個體經過 n 元運算之後，所得的個體必須恰好一個。因此，除法的定義就遭遇到困難。因爲若把

(5)　$x \div y=z$

定義爲

(6)　$x=y \cdot z$；

則當 $x=0$, $y=0$時，任何數可滿足(6)中之「z」，因而$x \div y$可指稱任何數；當$x \neq 0$, $y=0$時，沒有任何數可滿足(6)中之「z」，因而 $x \div y$ 不指稱任何數。總之，當 $y=0$時，不論 x 爲何，能滿足(6)中之「z」的數（個體）不恰好一個。我們若把除法的定義寫成

(7)　$x \div y=_{df}(\iota z)(x=y \cdot z)$,

則問題在於：當x,y 的值確定之後（亦即「x」，「y」均代以個體常元「a」，「b」之後），能滿足「$a=b \cdot z$」中之「z」的個體不恰好一個。在此情況下，確定描述詞「$(\iota z)(a=b \cdot z)$」的意義爲何？其所指稱的個體是什麼？

一般言之，若

(8)　$(\alpha_1)\cdots\cdots(\alpha_n)(\exists\beta)(\alpha)(\phi\longleftrightarrow\alpha=\beta)$（註三）

則任意 n 個個體經過 θ 的運算之後所得的個體必定恰好一個。反之，若(8)的否定句成立，則 θ 的運算結果為何即成為問題。

由上面的說明，可見運算符號和確定描述詞遭遇到相同的問題：當運算的結果不恰好一個或合於描述的個體不恰好一個時，應如何處理？它們既然遭遇到相同的問題；那麼，只要我們使用了運算符號，即使不使用確定描述詞，也必須對此問題加以處理。許多邏輯書（註四）雖然使用了算運符號，但却避免使用確定描述詞，而對確定描述詞所引起的問題也未加以討論。Patrick Suppes 甚至明白表示：因為確定描述詞會引起問題，因此避免使用（註五）。其實，當他使用運算符號時，也遭遇到相同的問題；因此，他不得不討論「除以0」的問題（註六）。

下面我們將說明確定描述詞的各種處理方法，並探討各種方法適用於運算符號所得的各種不同結果，然後根據這些不同的結果來比較各種處理方法的利弊。

II. 希爾伯特——勃納斯的方法

II. 1 希爾伯特——勃納斯的方法及其在運算符號的適用

確定描述詞 $(\iota\alpha)\phi$ 是根據 ϕ 的描述來確定它所要指稱的個體。若滿足 ϕ 中之 α 的個體不只一個，則無法確定 $(\iota\alpha)\phi$ 到底指稱那一個個體；反之，若沒有能滿足 ϕ 中之 α 的個體，則 $(\iota\alpha)\phi$

不指稱任何個體。總之，當 I. 1 中的(1)不成立時，$(\imath\alpha)\phi$ 無法指稱某一確定的個體。因此，希爾伯特 (David Hilbert) 和勃納斯 (Paul Bernays) 認爲：在此情形下，$(\imath\alpha)\phi$ 根本不是確定描述詞，而只是一串無意義的符號排列而已（註七）。按照他們的方法，我們必須先確知恰有一個個體滿足ϕ中之α，纔可寫出確定描述詞 $(\imath\alpha)\phi$。

假設我們用 I. 4 中的(3)來定義n元運算符號θ。若 I. 4中的(8)成立，則任何n個個體常元 $\beta_1, \ldots\ldots, \beta_n$ 代入 $(\imath\alpha)\phi$ 中的 $\alpha_1, \ldots\ldots, \alpha_n$ 之後所得之 $(\imath a)\phi^{\alpha_1, \ldots\ldots, \alpha_n}_{\beta_1, \ldots\ldots, \beta_n}$ 必爲確定描述詞，因而 $\theta(\beta_1, \ldots\ldots, \beta_n)$ 即指稱某一個體。換言之，若(8)成立，則任何個體經過θ的運算，必得唯一的結果。反之，若(8)的否定句成立，則必有n個個體常元 $\gamma_1, \ldots\ldots, \gamma_n$ 代入 $(\imath\alpha)\phi$ 中的 $\alpha_1, \ldots\ldots, \alpha_n$ 之後使 $(\imath\alpha)\phi^{\alpha_1, \ldots\ldots, \alpha_n}_{\gamma_1, \ldots\ldots, \gamma_n}$ 成爲無意義的一串符號排列，因而 $\theta(\gamma_1, \ldots\ldots, \gamma_n)$ 亦無意義。換言之，若(8)的否定句成立，則必定有些個體不能適用運算符號θ。因此，在未證明(8)之前，不可寫出定義式(3)。例如：必須先證明

(9) $(x)(y)(\exists w)(z)(x=y+z \longleftrightarrow z=w)$

纔可用I. 4中的(4)來定義「－」。

有時(8)雖不成立，但下式卻可成立：

(10) $(\alpha_1)\cdots\cdots(\alpha_n)(\Psi \rightarrow (\exists\beta)(\alpha)(\phi \longleftrightarrow \alpha=\beta))$（註八）

換言之，滿足ϕ中之α的個體雖不一定恰好一個，但在某一條件ψ之下，却必定恰有一個個體滿足ϕ中之α。在此情形下，我們可寫出下面的條件定義（conditional definition）：

(11) $\psi\rightarrow(\theta(\alpha_1, \cdots\cdots, \alpha_n)=(\imath\alpha)\phi)$（註九）。

例如：下面句式雖不成立

(12) $(x)(y)(\exists w)(z)(x=y\cdot z\longleftrightarrow z=w)$；

但下面句式却可成立

(13) $(x)(y)(y\neq 0\rightarrow(\exists w)(z)(x=y\cdot z\longleftrightarrow z=w))$。

因此，我們可寫出「÷」的條件定義如下：

(14) $y\neq 0\rightarrow(x\div y=(\imath z)(x=y\cdot z))$。

II. 2 希爾伯特——勃納斯方法的缺點

（ⅰ）設α爲任一個體變元，ϕ爲一句式，其中不含α以外之其他自由個體變元。在尚未確知 I. 2 中的(1)是否成立之前，我們無法判斷（$\imath\alpha$）ϕ到底是確定描述詞還是一串無意義的符號排列。因此，

(a)在演繹系統中，我們無法列出遞歸定義（recursive definition）據以判斷一串符號是否完構（well formed）。因爲在一個演繹系統中，沒有決定程序（decision procedure）可用來判斷

一個初階述詞邏輯 (first-order predicate logic) 的句式可否導出；而(1)是一個初階述詞邏輯的句式；因此，沒有決定程序可判斷(1)是否成立。

(b)在演繹系統中，我們不僅沒有決定程序可據以判斷(1)是否成立；在某些情況下甚至還不知道(1)是否成立，因而也就不知道 $(\iota\alpha)\phi$ 是否有意義。例如：我們尚不知是否每一個偶數都會等於兩個質數之和；因此，不知道是否恰有一個偶數不會等於兩個質數之和。詳言之，設以「E^1」表「是偶數」，以「P^1」表「是質數」，我們不知下式是否成立

(15) $(\exists y)(x)(E^1x \wedge -(\exists z)(\exists w)(P^1z \wedge P^1w \wedge x=z+w) \leftrightarrow x=y)$，

因而也就不知道

(16) $(\iota x)(E^1x \wedge -(\exists z)(\exists w)(P^1z \wedge P^1w \wedge x=z+w))$

是否有意義。

(c)在演繹系統中增加新的公理，會使原先導不出的句式變成可以導出；因而原先不成立的(1)可能因公理之增加而可以成立。因此，原先未能確定有無意義的一串符號 $(\iota\alpha)\phi$ 可能因公理之增加而變成有意義的確定描述詞。反之，原先有意義的確定描述詞也可能因公理之減少而變成未能確定有無意義的一串符號。如果公理的內容有所更改，而不僅增加或減少某些公理，則可能使原先有意義的確定描述詞變成無意義，也可能使原先無意義的一串符號變成有意義的確定描述

詞。因爲由於公理內容的更改，可能使原來能導出(1)的公理系統變成可以導出(1)的否定句(2)，也可能使原來能導出(2)的公理系統變成可以導出(1)。

總之，有意義的表式 (meaningful expressions) 之範圍會因爲公理之變動（不論增加、減少、或更改內容）而擴大或縮小。通常一個演繹系統有一項原則：只要始基符號 (primitive symbols) 不變，則其形成規則不變，換言之，有意義的表式的範圍不變；公理之變動只影響句式之成立或不成立，而不致影響一串符號之有無意義。然而我們若採用希爾伯特——勃納斯的方法，則此項原則無法維持。

(d) 如果(1)並非一個演繹系統中的句式，而爲經驗語句，則其眞假是根據經驗事實來判斷的。新事實的發現往往使原來被認爲眞的語句(1)被認爲假，因而使原來被認爲有意義的確定描述詞 $(\imath\alpha)\phi$ 被認爲無意義。例如：原來只知有一個個體滿足 ϕ 中的 α，因而認爲 $(\imath\alpha)\phi$ 有意義；後來發現另外還有別的個體也能滿足 ϕ 中的 α，因而認爲 $(\imath\alpha)\phi$ 無意義。反之，新事實的發現也可使原來被認爲假的語句(1)被認爲眞，因而使原來被認爲無意義的 $(\imath\alpha)\phi$ 被認爲是有意義的確定描述詞。例如：原來不知有任何個體滿足 ϕ 中的 α，因而認爲 $(\imath\alpha)\phi$ 無意義；後來發現有一個個體滿足 ϕ 中的 α，因而認爲 $(\imath\alpha)\phi$ 有意義。我們永遠有可能發現新的事實；因此，永遠不能確定 $(\imath\alpha)\phi$ 有無意義。

(　)設 $\alpha_1, \alpha_1, \cdots\cdots, \alpha_n$ 爲互不相同的個體變元，ϕ 爲一句式，其中不含 $\alpha, \alpha_1, \cdots\cdots, \alpha_n$ 以外之其他自由個體變元。

(a)在尚未確知I.4中的(8)是否成立之前，我們無法判斷 $(\iota\alpha)\phi$ 到底是確定描述式還是一串無意義的符號排列。情況與 (i) 相同。

(b)假定已知(10)成立，且用(11)定義運算符號 θ。若個體常元 $\beta_1\cdots\cdots, \beta_n$ 能滿足ψ中的 $\alpha_1, \cdots\cdots, \alpha_n$ 則 $(\iota\alpha)\phi^{\alpha_1, \cdots\cdots, \alpha_n}_{\beta_1, \cdots\cdots, \beta_n}$ 爲確定描述詞，因而 $\theta(\beta_1, \cdots\cdots, \beta_n)$ 指稱某一個體；反之，若 $\gamma_1, \cdots\cdots, \gamma_n$ 不能滿足ψ中的 $\alpha_1\cdots\cdots, \alpha_n$ 則 $\phi^{\alpha_1, \cdots\cdots, \alpha_n}_{\gamma_1, \cdots\cdots, \gamma_n}$ 爲無意義的符號排列，因而 $\theta(\gamma_1, \cdots\cdots, \gamma_n)$ 亦無意義。例如：我們已知(13)成立，且用(14)定義「÷」。因「2」可滿足「$y \neq 0$」中之「y」，故「$6 \div 2$」有意義；反之，0不滿足「$y \neq 0$」中之「y」，故「$6 \div 0$」無意義。

可見，若(10)成立，則在某一條件下 $\theta(\alpha_1, \cdots\cdots, \alpha_n)$ 爲有意義的運算式；若(10)的否定句成立，則 $\theta(\alpha_1, \cdots\cdots, \alpha_n)$ 無意義；若未知(10)是否成立，則不能確定 $\theta(\alpha_1, \cdots\cdots, \alpha_n)$ 是否有意義。然而，(10)是否成立，與(1)是否成立一樣，會遭遇到(i)所敍述的(a)～(d)四種情況。

(c)在數學運算式中，往往把某一運算式當做個體表式 (individual expression) 參與另一運算。例如：把運算式「$x \div y$」當做被減數而參與減法運算；亦卽「$(x \div y) - z$」。如果運算符號不能適用於論域 (universe of discourse) 中的任意個體；則在運算式中，我們必須逐項檢證其是否能夠適用，有時甚至必須加以演算，纔能判斷運算式有無意義。這在比較複雜的運算式中將不勝其煩。因此，在數學上通常要求運算符號要能適用於論域中的任意個體。這也就是我們在I.4中所提到的要求：n個個體經過n元運算之後，所得的個體必須恰好一個。以數學術語來敍述，即：運算對其論域必須是封閉的。

按照希爾伯特——勃納斯的方法，若(8)不成立而(10)成立，則只能用(11)來爲θ下條件定義。然而，這樣定義出來的運算符號只能適用於滿足ψ的個體，而不能適用於論域內的一切個體。

卡納普 (Rudolf Carnap) 會一再強調：在經驗科學中，我們無法爲傾向性詞 (disposition-terms) 下完整的定義，最多只能下條件定義，有時甚至只能用化約語句 (reduction sentences)；我們若勉強定下完整的定義，反而阻礙經驗科學的發展（註一〇）。根據卡納普的觀點，我們似乎不宜排斥條件定義，因而不宜把須要條件定義當做希爾伯特——勃納斯方法的缺點。然而，我們必須注意：卡納普所謂的傾向性詞是屬於述詞，而非運算符號，因而不會導致上述的缺點。

II. 3　希爾伯特——勃納斯方法的優點

如II.2所述，採用此種方法，我們無法列出形成規則 (formation rules) 來定義「完構式」(well formed formulas)；然而，我們通常使用的推論規則 (rules of inference) 或形變規則 (transformation rules) 卻無須更改。這個優點必須與羅素的方法比較纔能顯示出來。我們將在

III.5(ii) 中加以比較。

III. 羅素的方法

III. 1 羅素的方法

羅素 (Bertrand Arthur William Russell) 把確定描述詞當做一個不完全符號 (incomplete symbol)，它本身沒有獨立的意義，它必須出現在一個語句中纔能顯示出它的意義。因此，我們無法直接對確定描述詞本身下定義；我們只能使用脈絡定義 (contextual definition) 來敍述一個含有確定描述詞的語句的意義（註一一）。按照羅素的分析，一個含有確定描述詞的語句有兩層含意：(i)恰有一個個體符合該確定描述詞所做的描述；(ii)此一符合描述的個體具有該語句所敍述的性質。設 α, β 爲互不相同的個體變元；ϕ 爲一句式，其中不含 α 以外之其他自由個體變元；ψ 爲含有確定描述詞 $(\iota\alpha)\phi$ 之語句，其中不含個體變元 β；$\psi(\iota\alpha)\phi/\beta$ 爲以 β 取代 ψ 中的某些 $(\iota\alpha)\phi$ 所得之句式；則 ψ 與下面語句意義相同，因而可互相代換：

(17) $(\exists\beta)((\alpha)(\phi\longleftrightarrow\alpha=\beta)\wedge\psi(\iota\alpha)\phi/\beta)$。

羅素處理確定描述詞的方法就是把一個含有確定描述詞 $(\iota\alpha)\phi$ 的語句 ψ 改寫成一個不含 $(\iota\alpha)\phi$ 的語句(17)。

上述方法，當 ψ 爲單句時固無問題；然而，若 ψ 爲複句，則按照這個方法，ψ 可以寫成意義互不相同的語句。現分述如下：

(a)若 $\psi = -\psi_1$，則可先對 ψ_1 適用上述方法，把 ψ_1 寫成

(18)　$(\exists\beta)((\alpha)(\phi \longleftrightarrow \alpha=\beta) \wedge \psi_1(\iota\alpha)\phi/\beta)$,

然後把 $-\psi_1$ 寫成(18)的否定句

(19)　$-(\exists\beta)((\alpha)(\phi \longleftrightarrow \alpha=\beta) \wedge \psi_1(\iota\alpha)\phi/\beta)$；

也可以直接對 $-\psi_1$ 適用上述方法，把它寫成

(20)　$(\exists\beta)((\alpha)(\phi \longleftrightarrow \alpha=\beta) \wedge -\psi_1(\iota\alpha)\phi/\beta)$。

但是，(19)和(20)的意義却不相同；由(20)可導出(1)，因而表達：恰有一個個體滿足 ϕ 中之 α；而由(19)無法導出(1)，因而沒有表達此種含意。

(b)若 $\psi = (\psi_1 \vee \psi_2)$，且 ψ_1 含 $(\iota\alpha)\phi$ 而 ψ_2 不含 $(\iota\alpha)\phi$，則可先把 ψ_1 寫成(18)，然後把 $(\psi_1 \vee \psi_2)$ 寫成

(21)　$(\exists\beta)((\alpha)(\phi \longleftrightarrow \alpha=\beta) \wedge \psi_1(\iota\alpha)\phi/\beta) \vee \psi_2$；

也可以直接把 $(\psi_1 \vee \psi_2)$ 寫成

(22)　$(\exists\beta)((\alpha)(\phi \longleftrightarrow \alpha=\beta) \wedge (\psi_1 \vee \psi_2)(\iota\alpha)\phi/\beta)$。

但(21)和(22)的意義不同：(21)可由(22)導出，却無法由(21)導出。

(c)若 $\psi=(\psi_1\rightarrow\psi_2)$，且 ψ_1 含 $(\imath\alpha)\phi$ 而 ψ_2 不含 $(\imath\alpha)\phi$，則 $(\psi_1\rightarrow\psi_2)$ 也有下列兩種意義互不相同的寫法：

(23) $(\exists\beta)((\alpha)(\phi\longleftrightarrow\alpha=\beta)\wedge\psi_1(\imath\alpha)\phi/\beta)\rightarrow\psi_2$

(24) $(\exists\beta)((\alpha)(\phi\longleftrightarrow\alpha=\beta)\wedge(\psi_1\rightarrow\psi_2)(\imath\alpha)\phi/\beta)$。

(d)若 $\psi=(\psi_1\rightarrow\psi_2)$，且 ψ_2 含 $(\imath\alpha)\phi$ 而 ψ_1 不含 $(\imath\alpha)\phi$，則 $(\psi_1\rightarrow\psi_2)$ 有下列兩種意義互不相同的寫法：

(25) $\psi_1\rightarrow(\exists\beta)((\alpha)(\phi\longleftrightarrow\alpha=\beta)\wedge\psi_2(\imath\alpha)\phi/\beta)$

(26) $(\exists\beta)((\alpha)(\phi\longleftrightarrow\alpha=\beta)\wedge(\psi_1\rightarrow\psi_2)(\imath\alpha)\phi/\beta)$。

(e)若 $\psi=(\psi_1\rightarrow\psi_2)$，且 ψ_1 和 ψ_2 皆含 $(\imath\alpha)\phi$，則 $(\psi_1\rightarrow\psi_2)$ 有下列兩種寫法：

(27) $(\exists\beta)((\alpha)(\phi\longleftrightarrow\alpha=\beta)\wedge\psi_1(\imath\alpha)\phi/\beta)\rightarrow(\exists\beta)((\alpha)(\phi\longleftrightarrow\alpha=\beta)\wedge\psi_2(\imath\alpha)\phi/\beta)$

(28) $(\exists\beta)((\alpha)(\phi\longleftrightarrow\alpha=\beta)\wedge(\psi_1\rightarrow\psi_2)(\imath\alpha)\phi/\beta)$,

而(27)與(28)的意義也不相同。

(f)若 $\psi=(\psi_1\longleftrightarrow\psi_2)$，且 ψ_1 含 $(\imath\alpha)\phi$ 而 ψ_2 不含 $(\imath\alpha)\phi$，則 $(\psi_1\longleftrightarrow\psi_2)$ 可寫成下列兩個意義互不相同的語句：

(29) $(\exists\beta)((\alpha)(\phi\longleftrightarrow\alpha=\beta)\wedge\psi_1(\iota\alpha)\phi/\beta\longleftrightarrow\psi_2$

(30) $(\exists\beta)((\alpha)(\phi\longleftrightarrow\alpha=\beta)\wedge(\psi_1\longleftrightarrow\psi_2)(\iota\alpha)\phi/\beta)$。

(g)若 $\psi=(\psi_1\longleftrightarrow\psi_2)$，且 ψ_1 和 ψ_2 皆含 $(\iota\alpha)\phi$，則 $(\psi_1\longleftrightarrow\psi_2)$ 可寫成下列兩個意義互不相同的語句

(31) $(\exists\beta)((\alpha)(\phi\longleftrightarrow\alpha=\beta)\wedge\psi_1(\iota\alpha)\phi/\beta)\longleftrightarrow(\exists\beta)((\alpha)(\phi\longleftrightarrow\alpha=\beta)\wedge\psi_2(\iota\alpha)\phi/\beta)$

(32) $(\exists\beta)((\alpha)(\phi\longleftrightarrow\alpha=\beta)\wedge(\psi_1\longleftrightarrow\psi_2)(\iota\alpha)\phi/\beta)$。

可見，一個含有確定描述詞的複句之意義可能由於上述方法適用範圍之不同而有所差異；因此，我們必須指明其適用的範圍。例如：我們必須指明其適用範圍到底是 ψ_1 還是 $-\psi_1$，才能夠判斷 $-\psi_1$ 的意義是(19)還是(20)。按照羅素設計的記號法，我們在某一句式之前寫出〔$(\iota\alpha)\phi$〕，表示該句式為上述方法的適用範圍。據此，在 $-\psi_1$ 中若適用範圍為 ψ_1，則寫成

(33) $-[(\iota\alpha)\phi]\psi_1$，

因而其意義與(19)相同；反之若適用範圍為 $-\psi_1$，則寫成

(34) $[(\iota\alpha)\phi]-\psi_1$，

因而與(20)同義。同樣的，(21)～(32)依次與下列語句同義：

(35) $[(\iota\alpha)\phi]\psi_1\vee\psi_2$

(36) $[(\iota\alpha)\phi](\psi_1 \vee \psi_2)$

(37) $[(\iota\alpha)\phi]\psi_1 \rightarrow \psi_2$

(38) $[(\iota\alpha)\phi](\psi_1 \rightarrow \psi_2)$

(39) $\psi_1 \rightarrow [(\iota\alpha)\phi]\psi_2$

(40) $[(\iota\alpha)\phi](\psi_1 \rightarrow \psi_2)$

(41) $[(\iota\alpha)\phi]\psi_1 \rightarrow [(\iota\alpha)\phi]\psi_2$

(42) $[(\iota\alpha)\phi](\psi_1 \rightarrow \psi_2)$

(43) $[(\iota\alpha)\phi]\psi_1 \longleftrightarrow \psi_2$

(44) $[(\iota\alpha)\phi](\psi_1 \longleftrightarrow \psi_2)$

(45) $[(\iota\alpha)\phi]\psi_1 \longleftrightarrow [(\iota\alpha)\phi]\psi_2$

(46) $[(\iota\alpha)\phi](\psi_1 \longleftrightarrow \psi_2)$

現在，我們把羅素處理確定描述詞的規則敍述如下：

設α和β爲兩個互不相同的個體變元；ϕ爲一句式，其中不含α以外之其他自由個體變元；ψ爲一語句，其中含有 $(\iota\alpha)\phi$ 而不含 β；$\psi(\iota\alpha)\phi/\beta$ 爲以β取代ψ中之某些 $(\iota\alpha)\phi$ 所得之句式。則 $[(\iota\alpha)\phi]\psi$ 與 $(\exists\beta)((\alpha)(\phi \longleftrightarrow \alpha = \beta) \wedge \psi(\iota\alpha)\phi/\beta)$ 可互相代換。（註一二）

III. 2　羅素的方法與希爾伯特——勃納斯方法的異同

(i) 按照羅素的方法，若恰有一個個體滿足ϕ中之α，則 $(\iota\alpha)\phi$ 指稱滿足ϕ的個體。因爲(ψ)有兩層含意：(a)滿足ϕ中之α的個體恰有一個；(b)該個體具有ψ所敍述的有關$(\iota\alpha)\phi$ 的性質。現在已知(a)爲眞；因此，(ψ)的眞假卽由(b)的眞假來決定；若(b)眞則(ψ)爲眞，若(b)假則(ψ)爲假。按照羅素的方法，$[(\iota\alpha)\phi]\psi$與(ψ)意義相同而可互相代換。因此，$[(\iota\alpha)\phi]\psi$ 的眞假與(b)的眞假相同。可見，在(a)爲眞的情況下，ψ與(b)的意義相同而可互相代換；換言之，$[(\iota\alpha)\phi]\psi$中的$(\iota\alpha)\phi$乃指稱滿足ϕ中之α的個體。這一點與希爾伯特——勃納斯方法相同。

(ii) 按照羅素的方法，若滿足ϕ中之α的個體不恰好一個，則含有$(\iota\alpha)\phi$ 的語句 $[(\iota\alpha)\phi]\psi$爲假。因爲由(2)可導出(ψ)的否定句，亦卽$[(\iota\alpha)\phi]\psi$ 的否定句 $-[(\iota\alpha)\phi]\psi$。這一點與希爾伯特——勃納斯方法不同。按照希爾伯特——勃納斯方法，若滿足ϕ中之 α 的個體不恰好一個，則$(\iota\alpha)\phi$ 無意義，因而含有 $(\iota\alpha)\phi$ 之ψ（註一三）亦無意義。反之，按照羅素的方法，若滿足ϕ中之α的個體不恰好一個，則含有 $(\iota\alpha)\phi$ 之語句$[(\iota\alpha)\phi]\psi$雖然爲假，但仍然有意義，因而 $(\iota\alpha)\phi$ 亦有意義。

III. 3　羅素的方法在運算符號的適用

設 α,β 爲互不相同的個體變元；ϕ 爲一句式，其中不含α以外之其他自由個體變元；按照羅素的方法，不管(1)成立與否，$(\iota\alpha)\phi$ 必定是有意義的確定描述詞。同理，設 $\alpha, \beta, \alpha_1, \ldots\ldots, \alpha_n$ 爲互不相同的個體變元；ϕ 爲一句式，其中不含 $\alpha, \alpha_1\ldots\ldots, \alpha_n$ 以外之其他自由個體變元；按照羅素的方法，不管(8)是否成立，$(\iota\alpha)\phi$ 必定是有意義的確定描述式。因此，我們不必先證明(8)成立，就可用(3)來定義運算符號 θ。例如：我們雖知(12)不成立而(12)的否定句成立，但仍可用(7)來定義「÷」。即使除數爲0，除式仍有意義。因爲滿足「2=0·z」中之「z」個體不恰好一個，因而按照羅素的方法，含有確定描述詞「$(\iota z)(2=0\cdot z)$」的單句爲假，再根據定義(7)，「$(\iota z)(2=0\cdot z)$」可寫成「2÷0」；因此，含有「2÷0」的單句，諸如

(47) $2\div 0=0$

(48) $2\div 0=1$

(49) $2\div 0>0$

(50) $2\div 0<3$

等皆爲假。這些語句雖然爲假，但仍有意義，因而其所含之除式「2÷0」亦有意義。同理，其他以0爲除數之除式，如：「1÷0」，「3÷0」，「0÷0」，……等等，亦有意義。

很明顯的，條件定義已無必要。根據希爾伯特——勃納斯方法，若(8)不成立而(10)成立，則不能用定義式(3)來定義運算符號 θ，而只能用(11)來爲 θ 下條件定義。然而，根據羅素的方法，即使

(8)不成立，也可用定義式(3)來定義運算符號；因此，無須再用條件定義。

III. 4　羅素方法的優點

採用羅素的方法，可以避免希爾伯特——伯納斯方法的一些缺點。玆分述如下：

（i）設 α 爲任一個體變元；ϕ 爲一句式，其中不含 α 以外之其他自由個體變元。按照羅素的方法，不管(1)是否成立，$(\iota\alpha)\phi$ 必定爲有意義的確定描述詞。因此，II. 2.(i) 中所列的四項缺點(a)～(d)全部可以避免。

（ii）設 $\alpha, \alpha_1, \cdots\cdots, \alpha_n$ 爲互不相同的個體變元；ϕ 爲一句式，其中不含 $\alpha, \alpha_1, \cdots\cdots, \alpha_n$ 以外之其他自由個體變元。按照羅素的方法，不管(8)是否成立，$(\iota\alpha)\phi$ 必定爲有意義的確定描述式。因此，II.2. (ii) 中所列的缺點(a)～(c)也可完全避免。

III. 5　羅素方法的缺點

（i）我們在 III.1 曾指出：按照羅素的方法，一個含有確定描述式 $(\iota\alpha)\phi$ 的句式必須標出〔$(\iota\alpha)\phi$〕來指明適用範圍。我們若用(3)來定義運算符號 θ，則一個含有 θ 的句式也必須標明適用的範圍。例如：

(51)　$\theta(\beta_1, \cdots\cdots, \beta_n)=\delta \vee \theta(\gamma_1, \cdots\cdots, \gamma_n)=\delta$

按照定義(3)，意即

(52) $(\iota\alpha)\phi^{\alpha_1\cdots\cdots\alpha_n}_{\beta_1\cdots\cdots\beta_n}=\delta\vee(\iota\alpha)\phi^{\alpha_1\cdots\cdots\alpha_n}_{\gamma_1\cdots\cdots\gamma_n}=\delta$。

(52)並非句式，必須標出〔$(\iota\alpha)\phi^{\alpha_1\cdots\cdots\alpha_n}_{\beta_1\cdots\cdots\beta_n}$〕及〔$(\iota\alpha)\phi^{\alpha_1\cdots\cdots\alpha_n}_{\gamma_1\cdots\cdots\gamma_n}$〕以指明適用範圍之後纔能成爲句式，如：

(53) $[(\iota\alpha)\phi^{\alpha_1\cdots\cdots\alpha_n}_{\beta_1\cdots\cdots\beta_n}]((\iota\alpha)\phi^{\alpha_1\cdots\cdots\alpha_n}_{\beta_1\cdots\cdots\beta_n}=\delta)\vee[(\iota\alpha)\phi^{\alpha_1\cdots\cdots\alpha_n}_{\gamma_1\cdots\cdots\gamma_n}]((\iota\alpha)\phi^{\alpha_1\cdots\cdots\alpha_n}_{\gamma_1\cdots\cdots\gamma_n}=\delta)$

(54) $[(\iota\alpha)\phi^{\alpha_1\cdots\cdots\alpha_n}_{\beta_1\cdots\cdots\beta_n}]((\iota\alpha)\phi^{\alpha_1\cdots\cdots\alpha_n}_{\beta_1\cdots\cdots\beta_n}=\delta\vee[(\iota\alpha)\phi^{\alpha_1\cdots\cdots\alpha_n}_{\gamma_1\cdots\cdots\gamma_n}]((\iota\alpha)\phi^{\alpha_1\cdots\cdots\alpha_n}_{\gamma_1\cdots\cdots\gamma_n}=\delta))$

(55) $[(\iota\alpha)\phi^{\alpha_1\cdots\cdots\alpha_n}_{\gamma_1\cdots\cdots\gamma_n}]([(\iota\alpha)\phi^{\alpha_1\cdots\cdots\alpha_n}_{\beta_1\cdots\cdots\beta_n}]((\iota\alpha)\phi^{\alpha_1\cdots\cdots\alpha_n}_{\beta_1\cdots\cdots\beta_n}=\delta)\vee(\iota\alpha)\phi^{\alpha_1\cdots\cdots\alpha_n}_{\gamma_1\cdots\cdots\gamma_n}=\delta)$

(56) $[(\iota\alpha)\phi^{\alpha_1\cdots\cdots\alpha_n}_{\beta_1\cdots\cdots\beta_n}]([(\iota\alpha)\phi^{\alpha_1\cdots\cdots\alpha_n}_{\gamma_1\cdots\cdots\gamma_n}]((\iota\alpha)\phi^{\alpha_1\cdots\cdots\alpha_n}_{\beta_1\cdots\cdots\beta_n}=\delta\vee(\iota\alpha)\phi^{\alpha_1\cdots\cdots\alpha_n}_{\gamma_1\cdots\cdots\gamma_n}=\delta))$

等。其中(56)涵蘊

(57) $(\exists\beta)(\alpha)(\phi^{\alpha_1\cdots\cdots\alpha_n}_{\beta_1\cdots\cdots\beta_n}\longleftrightarrow\alpha=\beta)$

及

(58) $(\exists\beta)(\alpha)(\phi^{\alpha_1\cdots\cdots\alpha_n}_{\gamma_1\cdots\cdots\gamma_n}\longleftrightarrow\alpha=\beta)$：

(55)只涵蘊(58)，(54)只涵蘊(57)，而(53)則涵蘊(57)和(58)的選言。

因此(51)也不是句式，而必須標明適用範圍。我們可以標出〔$\theta(\beta_1\cdots\cdots,\beta_n)$〕及〔$\theta(\gamma_1,\cdots\cdots,\gamma_n)$〕來指明適用範圍，如：

(59) $[\theta(\beta_1,\cdots\cdots,\beta_n)](\theta(\beta_1,\cdots\cdots,\beta_n)=\delta)\vee[\theta(\gamma_1,\cdots\cdots,\gamma_n)](\theta(\gamma_1,\cdots\cdots,\gamma_n)=\delta)$

(60) $[\theta(\beta_1,\cdots\cdots,\beta_n)](\theta(\beta_1,\cdots\cdots,\beta_n)=\delta\vee[\theta(\gamma_1,\cdots\cdots,\gamma_n)](\theta(\gamma_1,\cdots\cdots,\gamma_n)=\delta))$

(61)　$[\theta(\gamma_1, \cdots\cdots, \gamma_n)]([\theta(\beta_1, \cdots\cdots, \beta_n)](\theta(\beta_1, \cdots\cdots, \beta_n)=\delta)\vee\theta(\gamma_1, \cdots\cdots, \gamma_n)=\delta)$

(62)　$[\theta(\beta_1, \cdots\cdots, \beta_n)]([\theta(\gamma_1, \cdots\cdots, \gamma_n)](\theta(\beta_1, \cdots\cdots, \beta_n)=\delta\vee\theta(\gamma_1, \cdots\cdots, \gamma_n)=\delta))$

等。其中(59)～(62)依次等值於(63)～(66)。

可見，含有運算符號的句式也必須標明適用範圍。但是，在一個連續的運算式中，一個運算式往往做爲個體表式參與另一運算；在此情形下，我們無法標出指明適用範圍的記號。現詳述如下。

設 $\beta_1, \cdots\cdots, \beta_n, \gamma_1, \cdots\cdots, \gamma_m$ 皆爲個體常元；$\delta, \alpha, \alpha_1, \cdots\cdots, \alpha_m \cdots\cdots, \alpha_n$ 爲互不相同之個體變元；ϕ 爲一句式，其中不含 $\alpha, \alpha_1, \cdots\cdots, \alpha_n$ 以外之其他自由個體變元；ψ 亦爲句式，其中不含 $\alpha, \alpha_1, \cdots\cdots, \alpha_m$ 以外之其他自由個體變元；而 n 元運算符號 θ 及 m 元運算符號 π 之定義如下：

(63)　$\theta(\alpha_1, \cdots\cdots, \alpha_n)=_{df}(\imath\alpha)\phi$

(64)　$\pi(\alpha_1, \cdots\cdots, \alpha_m)=_{df}(\imath\alpha)\psi$；

則 $\beta_1, \cdots\cdots, \beta_n$ 經過 θ 運算後所得之結果

(65)　$\theta(\beta_1, \cdots\cdots, \beta_n)$

可再與 $\gamma_2, \cdots\cdots, \gamma_m$ 等參與 π 運算而得

(66)　$\pi(\theta(\beta_1, \cdots\cdots, \beta_n), \gamma_2, \cdots\cdots, \gamma_m)$。

根據定義63，則66可寫成

(67) $\pi((\imath\alpha)\phi^{\alpha_1\cdots\cdots\alpha_n}_{\beta_1\cdots\cdots\beta_n},\gamma_2,\cdots\cdots,\gamma_m)$；

再根據64，則67可寫成

(68) $(\imath\delta)\psi^{\gamma\ \alpha_1\ \alpha_2\cdots\cdots\alpha_m}_{\delta(\imath\alpha)\phi^{\alpha_1\cdots\cdots\alpha_n}_{\beta_1\cdots\cdots\beta_n}\gamma_2\cdots\cdots\alpha_m}$

很明顯的，我們的意思是要使68成爲確定描述詞，因而必須使

(69) $\psi^{\gamma\ \alpha_1\ \alpha_2\cdots\cdots\alpha_m}_{\delta(\imath\alpha)\phi^{\alpha_1\cdots\cdots\alpha_n}_{\beta_1\cdots\cdots\beta_n}\gamma_2\cdots\cdots\alpha_m}$

成爲句式，而69中含有 $(\imath\alpha)\phi^{\alpha_1\cdots\cdots\alpha_n}_{\beta_1\cdots\cdots\beta_n}$，故69中必須含有標明適用範圍的〔$(\imath\alpha)\phi^{\alpha_1\cdots\cdots\alpha_n}_{\beta_1\cdots\cdots\beta_n}$〕。但是，我們若把確定描述詞68寫成運算式67，則除了 $\phi^{\alpha_1\cdots\cdots\alpha_n}_{\beta_1\cdots\cdots\beta_n}$ 之外，67不含其他句式，我們如何把〔$(\imath\alpha)\phi^{\alpha_1\cdots\cdots\alpha_n}_{\beta_1\cdots\cdots\beta_n}$〕標在句式之前呢？同樣的，我們若把68寫成運算式66，則66不含任何句式，又如何把〔$\theta(\beta_1,\cdots\cdots,\beta_n)$〕標在句式之前呢？

舉例言之，設二元運算符號「÷」及「/」之定義如下：

(70) $x\div y=_{df}(\imath z)(x=y\cdot z)$

(71) $x/y=_{df}(\imath w)((x=y\cdot w\wedge y\neq 0)\vee(w=0\wedge y=0))$。

根據70下面運算式

(72) $(8\div 0)/0$

可寫成

(73)　$(\imath z)(8=0\cdot z)/0$；

再根據(71)，則(73)可寫成

(74)　$(\imath w)(((\imath z)(8=0\cdot z)=0\cdot w\wedge 0\neq 0)\vee(w=0\wedge 0=0))$

(74)中所含的

(75)　$((\imath z)(8=0\cdot z)=0\cdot w\wedge 0\neq 0)\vee(w=0\wedge 0=0)$

並非句式，因爲(75)含有「$(\imath z)(8=0\cdot z)$」，但卻未標出「$[(\imath z)(8=0\cdot z)]$」以指明適用範圍。(75)既非句式，則(74)也非確定描述詞。若要使(75)成爲句式，則必須標出「$[(\imath z)(8=0\cdot z)]$」。(75)標出「$[(\imath z)(8=0\cdot z)]$」之後，可能變成下列三個句式：

(76)　$[(\imath z)(8=0\cdot z)](((\imath z)(8=0\cdot z)=0\cdot w\wedge 0\neq 0)\vee(w=0\wedge 0=0))$

(77)　$[(\imath z)(8=0\cdot z)]((\imath z)(8=0\cdot z)=0\cdot w\wedge 0\neq 0)\vee(w=0\wedge 0=0)$

(78)　$([(\imath z)(8=0\cdot z)]((\imath z)(8=0\cdot z)=0\cdot w)\wedge 0\neq 0)\vee(w=0\wedge 0=0)$

這三個句式中，(77)與(78)等值，皆不涵蘊

(79)　$(\exists x)(z)(8=0\cdot z\longleftrightarrow x=z)$；

而(76)則涵蘊(79)。因此，(73)可寫成下列兩個意義互不相同的確定描述詞：

(80) $(℩w)[(℩z)(8=0\cdot z)](((℩z)(8=0\cdot z)=0\cdot w\wedge 0\neq 0)\vee(w=0\wedge 0=0))$

(81) $(℩w)(([(℩z)(8=0\cdot z)]((℩z)(8=0\cdot z)=0\cdot w)\wedge 0\neq 0)\vee(w=0\wedge 0=0))$

(80)是在(76)之前加上「$(℩w)$」而得的確定描述詞。因爲(76)涵蘊(79)，而(79)爲假；故沒有任何個體能滿足(76)中的「w」。按照羅素的方法，含有(80)的單句爲假。若把(73)寫成(80)，則

(82) $(℩z)(8=0\cdot z)/0=0$

爲假。反之，(81)是在(78)之前加上「$(℩w)$」而得的確定描述詞。因爲只有0滿足(78)中的「w」；因此，按照羅素的方法，(81)即指稱0。若把(73)寫成(81)，則(73)指稱0，因而(82)爲眞。現在問題是：在運算式(73)中，我們如何標出〔$(℩z)(8=0\cdot z)$〕來區別(80)和(81)兩種互不相同的意義？同樣的，在(72)中，我們也無法標出「〔$(8\div 0)$〕」來區別這兩種意義。

總之，我們把確定描述式寫成運算式之後，就無法使用羅素所設計的記號來標明適用範圍。因此，含有運算式的句式，正如含有$(℩\alpha)\phi$而未標出〔$(℩\alpha)\phi$〕以指明適用範圍的句式一樣，是具有歧義的句式。

現在，我們來看看：除了標明〔$(℩\alpha)\phi$〕之外，有無其他方法可用以避免歧義？

(a)首先，我們考慮一個看來似乎很簡單的方法（以後簡稱「方法(a)」）：一個含有確定描述式或運算符號的句式，不論爲單句或複句，一律以全句爲其適用範圍；因此，不必再標明其適用

範圍。此方法有兩項缺點：

第一、一個含有確定描述式或運算符號的句式，當其單獨成爲一句式時的意義，與其成爲另一句式之一部分時的意義，不盡相同。例如：按照方法(a)，當

(83)　$(\iota z)(8=0\cdot z)=0$

單獨成爲一句時，涵蘊(79)。但(83)若成爲下面條件句的前件

(84)　$(\iota z)(8=0\cdot z)=0\rightarrow(\iota z)(8=0\cdot z)=3$，

則(84)中的前件並不涵蘊(79)。因爲(79)爲假，若(84)的前件涵蘊(79)，則(84)將爲眞；然而，按照方法(a)，(84)涵蘊(79)，因而(84)爲假。根據定義(70)，(83)和(84)可分別寫成

(85)　$8\div 0=0$

(86)　$8\div 0=0\rightarrow 8\div 0=3$

(85)單獨出現時的意義與出現在(86)時的意義並不相同。

可見，一個含有運算式的句式，必須根據它所出現的場合纔能判斷它的意義。

第二、一個含有確定描述式或運算符號的句式ϕ，有可能ϕ和$-\phi$皆爲假。例如：按照方法(a)，(83)及其否定句

(87)　$(\iota z)(8=0\cdot z)\neq 0$

皆涵蘊(79)，而(79)爲假；故(83)及(87)皆爲假。亦即(83)及其否定句

(88) $8 \div 0 \neq 0$

皆爲假。

(b)其次，我們考慮另一個方法（以後簡稱「方法(b)」）：一個含有確定描述式或運算符號的句式，不論爲單句或複句，一律以含有確定描述式或運算符號之單句爲其適用範圍；因此，不必再標明其適用範圍。此方法避免了方法(a)的兩項缺點，但它自己也有缺點。

一個含有確定描述式或運算符號的單句式，根據定義改寫之後可能變成複句式；因此，適用範圍可能變動，因而整個句式的意義也可能隨之變更。例如：(82)是一個含有確定描述式「$(\iota z)(8=0\cdot z)$」的單句式，按照方法(b)，它涵蘊(79)。但若根據定義(71)，把(82)改寫成複句式

(89) $(\iota w)(((\iota z)(8=0\cdot z)=0\cdot w \wedge 0\neq 0)\vee(w=0\wedge 0=0))=0$，

則按照方法(b)，其中「$(\iota z)(8=0\cdot z)$」不再以全句式爲其適用範圍，而只以含有「$(\iota z)(8=0\cdot z)$」的單句式

(90) $(\iota z)(8=0\cdot z)=0\cdot w$

爲其適用範圍。因此(90)固然涵蘊(79)，但(89)則否。可見，根據定義(71)，把(82)改寫成(89)，整個句式的意義也變更了。

照理，根據定義互相代換同義詞的結果，整個句式的意義不致改變。但是，按照方法(b)，使用定義的結果居然改變了句式的意義。

(c)最後，我們考慮一個較複雜的方法（以後簡稱「方法(c)」）：設ψ爲含有確定描述式或運算符號的句式。若ψ只含始基符號 (primitive symbols) 或無定義符號 (undefined symbols)，則以含有確定描述式或運算符號的單句式爲其適用範圍；反之，若ψ含有定義符號 (defined symbols)，則先根據定義把定義符號改爲始基符號，然後以改寫後的句式中含有確定描述式或運算符號之單句式爲其適用範圍。因此，也就不須再標明適用範圍了。例如：(82)爲含有確定描述詞「$(\iota z)(8=0\cdot z)$」的句式，且含有定義符號「/」。按照方法(c)，我們必須先根據定義(γ)把它改寫成(89)；然後以(89)中含有「$(\iota z)(8=0\cdot z)$」之單句式(90)爲其適用範圍。此方法避免了方法(a)及方法(b)的缺點，但它本身也有缺點。玆詳述如下。

設ψ爲含有確定描述詞 $(\iota\alpha)\phi$ 的單句。若ψ不含定義符號，則ψ涵蘊(1)。若ψ含有定義符號，則必須根據定義把ψ中的定義符號還原爲始基符號之後纔能斷定。若經過還原之後ψ成爲 $(\psi_1\wedge\psi_2)$，則不管 ψ_1 和 ψ_2 兩句式皆含有 $(\iota\alpha)\phi$ 或只有一句式含有 $(\iota\alpha)\phi$，ψ必定涵蘊(1)。若ψ還原爲 $(\psi_1\vee\psi_2)$，且 ψ_1 和 ψ_2 皆含有 $(\iota\alpha)\phi$，則ψ涵蘊(1)；若 ψ_1 和 ψ_2 中只有一句式含有 $(\iota\alpha)\phi$，則ψ不涵蘊(1)。若ψ還原爲 $(\psi_1\rightarrow\psi_2)$ 或 $(\psi_1\longleftrightarrow\psi_2)$，則不管 ψ_1 和 ψ_2 是否含

有 $(\imath\alpha)\phi$，ϕ不涵蘊(1)。可見，我們必須知道ϕ中所含的符號是否皆爲始基符號，若含有定義符號，則還原後ϕ將成爲什麼樣的句式。我們必須知道這些，才能斷定ϕ是否涵蘊(1)；換言之，才能知道ϕ的意義。

在一個理論系統中，通常只有少數的始基符號，其他符號則用始基符號來定義，或用已定義過的符號來定義。我們通常根據定義來瞭解定義符號的直覺意義之後，即按照此直覺意義來瞭解含有該符號的句式之意義。一個符號可以用各種不同的方法來定義而直覺意義相同。因此，根據這些定義，把含有該定義符號的單句式還原成只含始基符號的句式之後，這些句式的形式雖不一定相同，但其意義却應相同。然而，按照方法(c)，這些句式若含有確定描述詞，則這些句式很可能因形式不同，而意義也互不相同。可見，按照方法(c)，我們必須把定義符號全部還原爲始基符號之後，才能瞭解含有定義符號之句式的意義。

我們要引進一個符號，固然可以用始基符號來定義它，也可以把它當做始基符號而用公理來限定它的意義。然而，不論用那一種引進方法，它的直覺意義可以相同。例如：我們可以用定義(71)來定義運算符號「/」；但也可以把「/」當做始基符號，而用下列兩個公理來限定它的意義：

(91) $(x)(y)(y\neq 0\rightarrow x/y=(\imath z)(x=y\cdot z))$

(92)　$(x)(y)(y=0 \rightarrow x/y=0)$。

根據這兩種引進方法，「/」的直覺意義並無不同。例如：不論根據那一種方法，下列語句皆爲眞：

(93)　$8/0=0$

(94)　$8/2=4$

但是，若含有「/」的單句也同時含有確定描述詞，則將發生問題。例如：

(95)　$(\iota z)(8=0 \cdot z)/0=0$

若把「/」當做定義符號，則根據定義(7)，(95)可寫成(89)；再按照方法(c)，(89)可寫成

(96)　$(\exists v)((w)(((\iota z)(8=0 \cdot z)=0 \cdot w \wedge 0 \neq 0) \vee (w=0 \wedge 0=0) \longleftrightarrow w=v) \wedge v=0)$；

而(96)爲眞，它並未涵蘊

(97)　$(\exists x)(z)(8=0 \cdot z \longleftrightarrow x=z)$。

反之，若把「/」當做始基符號，則因爲(95)爲含有「$(\iota z)(8=0 \cdot z)$」之單句，且不含定義符號，故按照方法(c)，(95)涵蘊(97)。(註一四) 因(97)爲假，故(95)爲假。可見，(95)在這兩種引進方法中，意義並不相同。

總之，按照方法(c)，我們不能先根據定義來瞭解定義符號的直覺意義，然後再根據此直覺意義來瞭解含有該符號的句式；我們必須把一個含有定義符號的句式還原成只含始基符號的句式之

後，纔能瞭解此句式的意義。這樣一來，定義符號的功用完全喪失了。

以上三種避免歧義的方法都有難以補救的弊病；而標明〔$(\iota\alpha)\phi$〕的方法在運算式中又無法使用。可見，羅素的方法若用於運算符號，它的缺點是相當嚴重的。

(ii) 採用羅素的方法，不能把有關個體常元的規則適用於確定描述詞或運算式。玆分述如下：

(a) US 規則：設 α，β 爲個體變元；ψ 爲單句式且不含任何定義符號，其所含的自由個體變元只有 α，且不含變元 β；$(\iota\beta)\phi$ 爲確定描述詞；$\psi\alpha/(\iota\beta)\phi$ 爲以 $(\iota\beta)\phi$ 取代 ψ 中之 α 的每一個自由出現所得之句式。我們若把 US 規則適用於確定描述詞，由 $(\alpha)\psi$ 導出 $\psi\alpha/(\iota\beta)\phi$，則可能由眞前提導出假結論。因爲按照羅素的方法 $\psi\alpha/(\iota\beta)\phi$ 涵蘊

(98) $(\exists\gamma)(\beta)(\phi\longleftrightarrow\beta=\gamma)$

而 $(\alpha)\psi$ 則未必涵蘊(98)。（註一五）

例如：由

(99) $(x)F^1x$

可導出

(100) $F^1(\iota z)(8=0\cdot z)$。

若以自然數爲解釋範圍，而把「F^1」解釋爲「≥1」，則(99)爲眞，但(100)爲假。因爲按照羅素的方法(100)涵蘊(97)，而(97)爲假。

按照羅素的方法，必須(99)爲眞，纔可由 $(\alpha)\psi$ 導出 $\psi\alpha/(\iota\beta)\phi$。（註一六）

(b) I 規則：我們把 I 規則適用於確定描述詞，則可能導出假的邏輯定理

(101)　$(\iota\alpha)\phi=(\iota\alpha)\phi$。

因爲(101)涵蘊(1)，而(1)可能爲假。例如：

(102)　$(\iota z)(8=0\cdot z)=(\iota z)(8=0\cdot z)$

涵蘊(97)，而(97)爲假；故(102)爲假。

按照羅素的方法，(101)並非邏輯定理，我們只能有下面的邏輯定理

(103)　$(\exists\beta)(\alpha)(\phi\longleftrightarrow\alpha=\beta)\rightarrow(\iota\alpha)\phi=(\iota\alpha)\phi$。（註一七）

由上面的分析，我們不能隨意以運算式取代受全稱量詞控制的個體變元；也不能隨意在兩個相同的運算式之間劃出等同號「＝」。設 $\alpha, \alpha_1, \cdots\cdots, \alpha_n, \beta$ 爲互不相同的個體變元；$\beta_1, \cdots\cdots, \beta_n$ 爲個體常元；ϕ 爲一句式，其中不含 $\alpha, \alpha_1, \cdots\cdots\alpha_n$ 以外之其他自由個體變元；θ 爲 n 元運算符號，其定義如(3)。只當

(104)　$(\exists\beta)(\alpha)(\phi^{\alpha_1\cdots\cdots\alpha_n}_{\beta_1\cdots\cdots\beta_n}\longleftrightarrow\alpha=\beta)$

爲眞時，纔能依據 US 規則以 $\theta(\beta_1, \cdots\cdots \beta_n)$ 取代個體變元。同樣的，也只有在⑽爲眞的情形下，纔能肯定

⒀　$\theta(\beta_1, \cdots\cdots \beta_n)=\theta(\beta_1, \cdots\cdots, \beta_n)$

爲眞。換言之，我們把 US 規則及I規則適用於運算式之前，必須先看該運算符號是否爲定義符號；若爲定義符號，則尙須考慮⑽是否爲眞。這樣一來，邏輯推衍及數學演算將極端複雜。

羅素方法的此項缺點是希爾伯特——勃納斯方法所沒有的。根據希爾伯特——勃納斯方法，有關個體常元的推論規則，如：US 規則及I規則，無須修改而可直接適用於確定描述詞及運算式。因爲按照希爾伯特——勃納斯方法，若(98)爲假，則 $(\iota\beta)\phi$ 並非確定描述詞，而只是一串無意義的符號排列而已。只要 $(\iota\beta)\phi$ 是確定描述詞，則(98)必定爲眞，因而即可依據 US 規則由 $(\alpha)\psi$ 導出 $\psi\alpha/(\iota\beta)\phi$；絕無確定描述詞不能取代 ψ 中之 α 的情形。同理，若(1)爲假，則 $(\iota\alpha)\phi$ 並非確定描述詞。只要 $(\iota\alpha)\phi$ 是確定描述詞，則(1)必爲眞，因而⑽爲眞；絕無確定描述詞不能適用I規則的情形。可見，不管採用羅素的方法還是採用希爾伯特——勃納斯的方法，當(98)爲假時，皆不能以 $(\iota\beta)\phi$ 取代 ψ 中之 α。然而羅素的方法是修改 US 規則來阻止這種取代；反之，希爾伯特——勃納斯方法則無須修改 US 規則，而認爲 $(\iota\beta)\phi$ 並非確定描述詞，因而不能如此取代。I規則的情形與此相仿，不再贅述。

IV. 佛烈格的方法

IV. 1　佛烈格的方法

確定描述詞既然是用描述的方法來指稱個體，則其作用與個體常元相同，應皆有指稱的對象；不應有些有所指，而另一些無所指。按照羅素的方法，當(1)爲眞時，$(\iota\alpha)\phi$ 固然指稱某一個體；但是當(1)爲假時，則 $(\iota\alpha)\phi$ 並不指稱任何個體，而只認爲含有 $(\iota\alpha)\phi$ 之單句爲假而已。羅素認爲 $(\iota\alpha)\phi$ 爲不完全符號，其主要理由在此。按照希爾伯特——勃納斯方法，雖然確定描述詞皆有指稱的對象；但並非 $(\iota\alpha)\phi$ 皆有所指，因爲當(1)爲假時，$(\iota\alpha)\phi$ 並非確定描述詞。佛烈格 (Gottlob Frege) 認爲：文法結構相同的字眼，居然有些有所指，而另一些無所指；這是自然語言的一項缺點（註一八）。從佛烈格的這個觀點來看，羅素的方法及希爾伯特——勃納斯方法當然是有缺點的。爲了避免此項缺點，佛烈格一方面把每一個 $(\iota\alpha)\phi$ 都當做確定描述詞（此點與希爾伯特——勃納斯方法不同而與羅素的方法相同），另一方面使每一個 $(\iota\alpha)\phi$ 皆有指稱的對象（此點與羅素的方法及希爾伯特——勃納斯方法皆不相同）。若(1)爲眞；則 $(\iota\alpha)\phi$ 指稱滿足 ϕ 中之 α 的個體（此點與希爾伯特——勃納斯方法及羅素的方法相同；其實，此點是任何處理確定描述詞的方法所共同的）；反之，若(1)爲假，則指定某一特定的個體當做 $(\iota\alpha)\phi$ 指稱的對象（此點與希爾伯特——勃納斯方法及羅素的方法皆不相同）。至於所指定的個體是那一個，倒是無關緊要而可任意選擇，只要是論域（universe of discourse）內的元素即可。設以個體常元「a*」指稱我們所指定的特別個體，則佛烈格處理確定描述詞的方法可敍述如下（註一九）：

設 α 和 β 爲兩個互不相同的個體變元；ϕ 爲一句式，其中不含 α 以外之其他自由個體變元；ψ 爲一語句，其中含有 $(\iota\alpha)\phi$ 而不含 β；$\psi(\iota\alpha)\phi/\beta$ 爲以 β 取代 ψ 中之某些 $(\iota\alpha)\phi$ 所得之句式；$\psi(\iota\alpha)\phi/a^*$ 爲以「a*」取代 $\psi(\iota\alpha)\phi/\beta$ 中之每一個 β 所得之語句。則 ψ 與下面語句可互相代換：

$(\exists\beta)((\alpha)(\phi\longleftrightarrow\alpha=\beta)\wedge\psi(\iota\alpha)\phi/\beta)\vee(-(\exists\beta)(\alpha)(\phi\longleftrightarrow\alpha=\beta)\wedge\psi(\iota\alpha)\phi/\alpha^*)$。

根據此方法，若已知 γ 爲唯一能滿足 ϕ 中之 α 的個體，則 $(\iota\alpha)\phi$ 即指稱 γ；換言之，若

⑩⑥ $(\alpha)(\phi\longleftrightarrow\alpha=\gamma)$

則

⑩⑦ $(\iota\alpha)\phi=\gamma$

因爲由⑩⑥可導出⑩⑦。其推衍如下（註二〇）：

{1} (1) $(\alpha)(\phi\longleftrightarrow\alpha=\gamma)$ P

$\wedge$ (2) $\gamma=\gamma$ I

$\{1\}$ (3) $((\alpha)(\phi\longleftrightarrow\alpha=\gamma)\wedge\gamma=\gamma)$ 　1,2,SI

$\{1\}$ (4) $(\exists\beta)((\alpha)(\phi\longleftrightarrow\alpha=\beta)\wedge\beta=\gamma)$ 　3,EG

$\{1\}$ (5) $(\exists\beta)((\alpha)(\phi\longleftrightarrow\alpha=\beta)\wedge\beta=\gamma)$

$\vee(-(\exists\beta)(\alpha)(\phi\longleftrightarrow\alpha=\beta)\wedge\alpha^*=\gamma)$ 　4,SI

$\{1\}$ (6) $(\iota\alpha)\phi=\gamma$ 　5,FD

（按：第(6)行所註明的「FD」即指佛烈格處理確定描述詞的方法）

反之，若已知滿足ϕ中之α的個體不恰好一個，則 $(\iota\alpha)\phi$ 即指稱 α^*；換言之，若

(08) $-(\exists\beta)(\alpha)(\phi\longleftrightarrow\alpha=\beta)$，

則

(09) $(\iota\alpha)\phi=\alpha^*$。

因為由(08)可導出(09)，其推衍如下：

$\{1\}$ (1) $-(\exists\beta)(\alpha)(\phi\longleftrightarrow\alpha=\beta)$ 　P

$\wedge$ (2) $(\iota\alpha)\phi=(\iota\alpha)\phi$ 　I

$\wedge$ (3) $(\exists\beta)((\alpha)(\phi\longleftrightarrow\alpha=\beta)\wedge(\iota\alpha)\phi=\beta)$

$\vee(-(\exists\beta)(\alpha)(\phi\longleftrightarrow\alpha=\beta)\wedge(\iota\alpha)\phi=\alpha^*)$ 　2,FD

$\{4\}$ (4) $(\exists\beta)((\alpha)(\phi\longleftrightarrow\alpha=\beta)\wedge(\iota\alpha)\phi=\beta)$ P

$\{5\}$ (5) $(\alpha)(\phi\longleftrightarrow\alpha=\gamma)\wedge(\iota\alpha)\phi=\gamma$ P

$\{5\}$ (6) $(\alpha)(\phi\longleftrightarrow\alpha=\gamma)$ 5,SI

$\{5\}$ (7) $(\exists\beta)(\alpha)(\phi\longleftrightarrow\alpha=\beta)$ 6,EG

$\{4\}$ (8) $(\exists\beta)(\alpha)(\phi\longleftrightarrow\alpha=\beta)$ 4,5,7,ES

$\{1,4\}$ (9) $(\exists\beta)(\alpha)(\phi\longleftrightarrow\alpha=\beta)\wedge-(\exists\beta)(\alpha)(\phi\longleftrightarrow\alpha=\beta)$ 1,8,SI

$\{1\}$ (10) $-(\exists\beta)((\alpha)(\phi\longleftrightarrow\alpha=\beta)\wedge(\iota\alpha)\phi=\beta)$ 4,9,RAA

$\{1\}$ (11) $(\iota\alpha)\phi=\alpha^*$ 3,10,SI

（按：第(5)行中的γ為一個體常元，且ϕ未含γ。）

IV. 2 佛列格的方法在運算符號的適用

設 $\alpha, \alpha_1, \ldots\ldots, \alpha_n, \beta$ 為互不相同的個體變元；$\beta_1, \ldots\ldots, \beta_n$ 為個體常元；ϕ為一句式，其中不含 $\alpha, \alpha_1, \ldots\ldots\alpha_n$ 以外之其他自由個體變元；θ為一個 n 元運算符號，其定義如(3)。按照佛列格的方法，若(4)為真，則 $(\iota\alpha)\phi^{\alpha_1\ldots\ldots\alpha_n}_{\beta_1\ldots\ldots\beta_n}$ 及 θ $(\beta_1, \ldots\ldots, \beta_n)$ 指稱滿足 $\phi^{\alpha_1\ldots\ldots\alpha_n}_{\beta_1\ldots\ldots\beta_n}$ 中之α的個體；反之，若(4)為假，則指稱我們所指定的特定個體 α^*。可見，一個 n 元運算符號與 n 個個體常元所構成的運算式必有所指；換言之，任意 n 個個體經過 n 元運算之後必得一個個體。例如：我們用

(7)來定義「÷」。因爲

(10)　$(\exists x)(z)(6=2\cdot z\longleftrightarrow z=x)$

爲眞，換言之，恰有一個個體滿足「$6=2\cdot z$」中之「z」，因而「$(\imath z)(6=2\cdot z)$」及「$6\div 2$」即指稱該個體。該個體是3，故得

(11)　$(\imath z)(6=2\cdot z)=3$

(12)　$6\div 2=3$。

反之，因爲

(13)　$(\exists x)(z)(6=0\cdot z\longleftrightarrow z=x)$

(14)　$(\exists x)(z)(0=0\cdot z\longleftrightarrow z=x)$

皆爲假，詳言之，沒有任何個體滿足「$6=0\cdot z$」中之「z」，而滿足「$0=0\cdot z$」中之「z」的個體不只一個；因而「$(\imath z)(6=0\cdot z)$」、「$6\div 0$」、「$(\imath z)(0\cdot z)$」及「$0\div 0$」皆指稱我們所指定的特定個體α^*。假定我們所指定的個體是0，則可得

(15)　$(\imath z)(6=0\cdot z)=0$

(16)　$6\div 0=0$

(17)　$(\imath z)(0=0\cdot z)=0$

(18) $0 \div 0 = 0$。

很明顯的，若採用佛列格的方法，則條件定義已無必要。

IV. 3 佛列格方法的優點

（i）設 α 爲個體變元，ϕ 爲一句式，其中不含 α 以外之其他自由個體變元。按照佛列格的方法，不管(1)是否爲眞，$({}^{\imath}\alpha)\phi$ 必定爲確定描述詞，絕對不會是一串無意義的符號排列。同樣的，設 $\alpha, \alpha_1, \cdots\cdots, \alpha_n$ 爲互不相同的個體變元，ϕ 爲一句式，其中不含 $\alpha, \alpha_1, \cdots\cdots, \alpha_n$ 以外之其他自由個體變元。不管(8)是否爲眞，$({}^{\imath}\alpha)\phi$ 必爲確定描述式。因此，佛列格的方法避免了希爾伯特——勃納斯方法的缺點。

（ii）按照佛列格的方法，一個含有確定描述詞的複句之意義不致因爲此方法適用範圍之不同而有所差異。茲分述如下：

(a) 設 ψ 爲含有確定描述詞 $({}^{\imath}\alpha)\phi$ 之語句。$-\psi$ 可寫成兩個形式不同的語句。第一種寫法是以 ψ 爲佛列格方法的適用範圍；亦即先按照佛列格的方法把 ψ 寫成

(19) $(\exists\beta)((\alpha)(\phi \longleftrightarrow \alpha=\beta) \wedge \psi({}^{\imath}\alpha)\phi/\beta) \vee (-(\exists\beta)(\alpha)(\phi \longleftrightarrow \alpha=\beta) \wedge \psi({}^{\imath}\alpha)\phi/\alpha^{*})$

然後把 $-\psi$ 寫成(19)的否定句

(20) $-((\exists\beta)((\alpha)(\phi \longleftrightarrow \alpha=\beta) \wedge \psi({}^{\imath}\alpha)\phi/\beta) \vee (-(\exists\beta)(\alpha)(\phi \longleftrightarrow \alpha=\beta) \wedge \psi({}^{\imath}\alpha)\phi/$

$\alpha^{*}))$。

第二種寫法是以 $-\phi$ 爲此方法的適用範圍；亦即直接把 $-\phi$ 寫成

(21) $(\exists\beta)((\alpha)(\phi \longrightarrow \alpha=\beta) \wedge -\phi({}^{\imath}\alpha)\phi/\beta) \vee (-(\exists\beta)(\alpha)$
$(\phi \longleftrightarrow \alpha=\beta) \wedge -\phi({}^{\imath}\alpha)\phi/\alpha^{*})$。

雖有兩種寫法，但它們的意義相同；因爲由(20)可導出(21)，由(21)也可導出(20)（註二一）。

(b)設 ϕ_1 爲含有 $({}^{\imath}\alpha)\phi$ 的語句，而 ϕ_2 爲不含 $({}^{\imath}\alpha)\phi$ 的語句。若以 ϕ_1 爲佛烈格方法之適用範圍，則 $(\phi_1 \vee \phi_2)$ 可寫成

(22) $(\exists\beta)((\alpha)(\phi \longleftrightarrow \alpha=\beta) \wedge \phi_1({}^{\imath}\alpha)\phi/\beta) \vee (-(\exists\beta)(\alpha)(\phi \longleftrightarrow \alpha=\beta) \wedge \phi_1({}^{\imath}\alpha)\phi/\alpha^{*})$
$\vee \phi_2)$，

反之，若以 $(\phi_1 \vee \phi_2)$ 全句爲適用範圍，則 $(\phi_1 \vee \phi_2)$ 可寫成

(23) $(\exists\beta)((\alpha)(\phi \longleftrightarrow \alpha=\beta) \wedge (\phi_1({}^{\imath}\alpha)\phi/\beta \vee \phi_2)) \vee (-(\exists\beta)(\alpha)(\phi \longleftrightarrow \alpha=\beta) \wedge (\phi_1({}^{\imath}\alpha)$
$\phi/a^{*} \vee \phi_2))$。

而(22)與(23)等值。

(c)假設如(b)，$(\phi_1 \rightarrow \phi_2)$ 有兩種寫法

(24) $((\exists\beta)((\alpha)(\phi \longleftrightarrow \alpha=\beta) \wedge \phi_1({}^{\imath}\alpha)\phi/\beta) \vee (-(\exists\beta)(\alpha)(\phi \longleftrightarrow \alpha=\beta) \wedge \phi_1({}^{\imath}\alpha)\phi/^{*}))$

$\rightarrow\psi_2\alpha$

(25) $(\exists\beta)((\alpha)(\phi\longleftrightarrow\alpha=\beta)\wedge(\psi_1(\iota\alpha)\phi/\beta\rightarrow\psi_2))\vee(-(\exists\beta)(\alpha)(\phi\longleftrightarrow\alpha=\beta)\wedge(\psi_1(\iota\alpha)\phi/\alpha^*\rightarrow\psi_2))$。

(24)與(25)等值。

(d)同樣的，$(\psi_2\rightarrow\psi_1)$ 也有兩種意義相同的寫法

(26) $\psi_2\rightarrow((\exists\beta)((\alpha)(\phi\longleftrightarrow\alpha=\beta)\wedge\psi_1(\iota\alpha)\phi/\beta)\vee(-(\exists\beta)(\alpha)(\phi\longleftrightarrow\alpha=\beta)\wedge\psi_1(\iota\alpha)\phi/\alpha^*))$

(27) $(\exists\beta)((\alpha)(\phi\longleftrightarrow\alpha=\beta)\wedge(\psi_2\rightarrow\psi_1(\iota\alpha)\phi/\beta))\vee(-(\exists\beta)(\alpha)(\phi\longleftrightarrow\alpha=\beta)\wedge(\psi_2\rightarrow\psi_1(\iota\alpha)\phi/\alpha^*))$

(e)設 ψ_1 和 ψ_2 皆含 $(\iota\alpha)\phi$。$(\psi_1\rightarrow\psi_2)$ 的兩種寫法也意義相同：

(28) $((\exists\beta)((\alpha)(\phi\longleftrightarrow\alpha=\beta)\wedge\psi_1(\iota\alpha)\phi/\beta)\vee(-(\exists\beta)(\alpha)(\phi\longleftrightarrow\alpha=\beta)\wedge\psi_1(\iota\alpha)\phi/\alpha^*))\rightarrow((\exists\beta)((\alpha)(\phi\longleftrightarrow\alpha=\beta)\wedge\psi_2(\iota\alpha)\phi/\beta)\vee(-(\exists\beta)(\alpha)(\phi\longrightarrow\alpha=\beta)\wedge\psi_2(\iota\alpha)\phi/\alpha^*))$

(29) $(\exists\beta)((\alpha)(\phi\longleftrightarrow\alpha=\beta)\wedge(\psi_1(\iota\alpha)\phi/\beta\rightarrow\psi_2(\iota\alpha)\phi/\beta))\vee(-(\exists\beta)(\alpha)(\phi\longleftrightarrow\alpha=\beta)\wedge(\psi_1(\iota\alpha)\phi/\alpha^*\rightarrow\psi_2(\iota\alpha)\phi/\alpha^*))$

(f) 設 ψ_1 含 $(\iota\alpha)\phi$ 而 ψ_2 不含 $(\iota\alpha)\phi$；以及，

(g) 設 ψ_1 和 ψ_2 皆含 $(\iota\alpha)\phi$；$(\psi_1 \longleftrightarrow \psi_2)$ 的兩種寫法意義皆相同。可依(a)～(e)類推，不贅述。

適用範圍之不同既然不致使意義有所差異，則無須標出〔$(\iota\alpha)\phi$〕以指明其適用範圍；因而羅素方法的第(i)項缺點即可避免。

(iii) 設 α, β 爲個體變元；ϕ 爲一句式，其中所含的自由個體變元只有 α，且不含變元 β；$(\iota\beta)\phi$ 爲確定描述詞；$\phi\alpha/(\iota\beta)\phi$ 爲以 $(\iota\beta)\phi$ 取代 ϕ 中之 α 的每一個自由出現所得之語句。按照佛烈格的方法，若(9)爲眞則 $(\iota\beta)\phi$ 指稱滿足 ϕ 中之 β 的個體，若(9)爲假則 $(\iota\beta)\phi$ 指稱 a^*；不論如何，$(\iota\beta)\phi$ 皆指稱論域內的一個元素。因此，假定 $(\alpha)\phi$ 爲眞，換言之，論域內的每一個元素皆滿足 ϕ 中之 α；則 $(\iota\beta)\phi$ 所指稱的元素也必滿足 ϕ 中之 α，換言之，$\phi\alpha/(\iota\beta)\phi$ 爲眞。可見，按照佛烈格的方法，US 規則可適用於確定描述詞。

同樣的，I 規則也可適用於確定描述詞。因爲確定描述詞必定指稱論域內的一個元素，故 $(\iota\alpha)\phi = (\iota\alpha)\phi$ 必定爲眞。很明顯的，佛烈格的方法避免了羅素方法的第(ii)項缺點。

IV. 4　佛烈格方法的缺點

佛烈格的方法有一項缺點是希爾伯特——勃納斯方法及羅素的方法所沒有的，就是：採用佛烈格的方法，至少必須有一個始基個體常元「α^*」。我們知道：有些演繹系統沒有任何始基個體常元；所有的個體常元都非始基符號而是定義符號。這些個體常元是用確定描述詞來定義的，例如：

(130)　$0 =_{df} (\iota x)(y)(x+y=y)$

但是，我們若按照佛烈格的方法來處理確定描述詞，却必須使用個體常元「α^*」。可見佛烈格的方法不能適用於沒有始基個體常元的演繹系統。（註二三）

V.　蒙泰鳩——卡里蓄方法

蒙泰鳩（Richard Montague）和卡里蓄（Donald Kalish）爲了補救佛烈格方法的缺點，乃用確定描述詞（$(\iota\gamma)(\gamma\neq\gamma)$）來代替「$\alpha^*$」。因爲沒有任何個體滿足 $\gamma\neq\gamma$ 中之 γ，故 $(\iota\gamma)(\gamma\neq\gamma)$ 即指稱我們所指定的特定個體。因此，他們就用（$(\iota\gamma)(\gamma\neq\gamma)$）來指稱「$*\nu$」所要指稱的個體，而不再使用個體常元「$\alpha^*$」。如此，則佛烈格的方法就變成：$\phi$ 可與下面語句互相代換：

(131)　$(\exists\beta)((\alpha)(\phi\longleftrightarrow\alpha=\beta)\wedge\phi(\iota\alpha)\phi/\beta)$

$\vee(-(\exists\beta)(\alpha)(\phi\longleftrightarrow\alpha=\beta)\wedge\phi(\iota\alpha)\phi/(\iota\gamma)(\gamma\neq\gamma))$。

按照這個方法（以後簡稱「FD 規則」），含有確定描述詞（$(\iota\gamma)(\gamma\neq\gamma)$）的句式不能寫成不含確定描述詞的句式；換言之，確定描述詞是無法消除的。因此，我們必須把「℩」當做始基符號。這是這種方法與上述三種方法不同的地方。「℩」是邏輯符號，多了一個邏輯符號做為始基符號之後，只要增加有關此符號的推論規則即可。其實，FD 規則就可以當做新增加的推論規則。然而，蒙泰鳩和卡里蓄並不採用這條規則，而是用下列兩條規則（註一三）：

PD 規則：設 α, β 爲互不相同之個體變元；ϕ 爲一句式，其中不含 α 以外之其他自由個體變元；$\phi\alpha/(\iota\alpha)\phi$ 爲以 $(\iota\alpha)\phi$ 取代 ϕ 中之 α 的每一個自由出現所得之語句。則由 $(\exists\beta)(\alpha)(\phi\longleftrightarrow\alpha=\beta)$ 可導出 $\phi\alpha/(\iota\alpha)\phi$。

ID 規則：設 α, β, γ 皆爲個體變元；ϕ 爲一句式，其中不含 α 以外之其他自由個體變元。則由 $-(\exists\beta)(\alpha)(\phi\longleftrightarrow\alpha=\beta)$ 可導出 $(\iota\alpha)\phi=(\iota\gamma)(\gamma\neq\gamma)$。

採用這兩條規則與採用 FD 規則，結果完全相同。因爲依據 FD 規則，可由 $(\exists\beta)(\alpha)(\phi\longleftrightarrow\alpha=\beta)$ 導出 $\phi\alpha/(\iota\alpha)\phi$，亦可由 $-(\exists\beta)(\alpha)(\phi\longleftrightarrow\alpha=\beta)$ 導出 $(\iota\alpha)\phi=(\iota\gamma)(\gamma\neq\gamma)$；反之，依據 PD 規則及 ID 規則可由 ϕ 導出 (ψ)，亦可由 (ψ) 導出 ϕ。既然如此，則採用 FD 規則或採用 PD 和 ID 兩規則並無關緊要。

很明顯的，蒙泰鳩——卡里蓄方法避免了佛列格方法的缺點，而保留其優點。

VI. 史考特的方法

VI. 1 史考特方法的目的

史考特（Dana Scott）（註二四）認爲羅素方法的缺點是：I規則不能適用於確定描述詞。他又認爲佛烈格方法的缺點是不自然：在自然語言中，當合於確定描述詞所描述的個體不恰好一個時，我們通常認爲含有此確定描述詞的單句爲假，而不認爲該確定描述詞指稱某一特別指定的個體。因此，史考特提出一種新的方法：一方面使I規則能適用於確定描述詞；另一方面使下面定理成立

(132) $\gamma R(\imath\alpha)\phi \longleftrightarrow (\exists\beta)((\alpha)(\phi \longleftrightarrow \alpha=\beta) \wedge \gamma R\beta)$。

（按：(132)中 α, β 爲互不相同之個體變元；γ 爲個體常元或確定描述詞；ϕ 爲一句式，其中不含 α 以外之其他自由個體變元；R爲二元述詞，且爲始基符號。）

VI. 2 史考特方法的語意學

蒯恩（Willard van Orman Quine）有句名言：「存在的意思就是能成爲一個局限變元的值」（To be is to be the value of a bound variable）。按照蒯恩的意思，一個個體必須能够成爲局限變元的值，纔表示它存在於論域之內；若不能成爲變元的值，則雖然有個體常元或確定

描述詞來指稱它，也不表示它必存在於論域之內（註一五）。史考特即根據蒯恩的意思，認爲：個體常元和確定描述詞必有所指，但所指的個體未必是論域內的元素，可能是論域之外的東西。

史考特處理確定描述詞的方法是這樣的：若(1)爲眞，則 $(\imath\alpha)\phi$ 指稱滿足 ϕ 中之 α 的個體；若(1)爲假，則指定論域之外的某一特定東西 (entity) 做爲 $(\imath\alpha)\phi$ 指稱的對象（仍以 $(\imath\alpha)(\alpha \neq \alpha)$ 來表達）。他認爲最好是以論域本身做爲 $(\imath\alpha)(\alpha \neq \alpha)$ 指稱的對象，因爲論域本身不會是它自己的元素。根據這個方法，I規則可適用於確定描述詞；換言之，$(\imath\alpha)\phi = (\imath\alpha)\phi$ 必爲眞。因爲若(1)爲眞，則 $(\imath\alpha)\phi$ 固然指稱論域內的一個元素；若(1)爲假，則 $(\imath\alpha)\phi$ 指稱論域外的某一特定東西。在任何情形下，$(\imath\alpha)\phi$ 皆不可能同時指稱兩個以上互不相同的東西；故 $(\imath\alpha)\phi$ 所指稱的東西與 $(\imath\alpha)\phi$ 所指稱的東西必是同一個。

史考特又把始基述詞的外延限於論域之內。換言之，設 ρ^n 爲 n 元始基述詞，則其外延是論域內的元素所構成之 n 元序列 (ordered n-tuples) 之集合。因此，設 $\delta_1, \ldots\ldots, \delta_n$ 爲個體常元或確定描述詞；只要有一個 $\delta_i (1 \leqq i \leqq n)$ 不指稱論域內的元素，則 $\langle \delta_1, \ldots\ldots, \delta_n \rangle$ 就不是 ρ^n 的外延的元素，因而 $\rho^n \delta_1 \ldots\ldots \delta_n$ 即爲假。根據這個方法，若(1)爲假，則因爲 $(\imath\alpha)\phi$ 不指稱論域內的元素，故含有始基述詞及 $(\imath\alpha)\phi$ 的單句爲假。換言之，若一個含有始基述詞及 $(\imath\alpha)\phi$ 的單句爲眞，則(1)爲眞。因此，(32)可以成立。

VI. 3 史考特方法的公理

爲了得到上一節（VI. 2）的結果，史考特提出下列三個有關確定描述詞的公理：

(I 1)　$(\beta)((\alpha)(\phi \longrightarrow \alpha=\beta) \longleftrightarrow \beta=(\iota\alpha)\phi)$

(I 2)　$-(\exists\beta)(\alpha)(\phi \longleftrightarrow \alpha=\beta) \rightarrow (\iota\alpha)\phi=(\iota\gamma)(\gamma \neq \gamma)$

(I 3)　$\delta_i=(\iota\gamma)(\gamma \neq \gamma) \longrightarrow -\rho^n\delta_1\cdots\cdots\delta_n$（註二六）

(I 3)中 ρ^n 爲 n 元始基述詞，$\delta_1, \cdots\cdots, \delta_n$ 爲個體常元或確定描述詞，$1 \leqq i \leqq n$。

VI. 4 史考特方法的缺點

假設有一個含有述詞及 $(\iota\alpha)\phi$ 的單句

⒀ $\rho^n\delta_1\cdots\cdots(\iota\alpha)\phi\cdots\cdots\delta_n$，

已知⑴爲假，因而由（I 2）得 $(\iota\alpha)\phi=(\iota\gamma)(\gamma \neq \gamma)$，而⒀可寫成：

⒁ $\rho^n\delta_1\cdots\cdots(\iota\gamma)(\gamma \neq \gamma)\cdots\cdots\delta_n$。

按照（I 3），若 ρ^n 爲始基述詞，則⒁爲假；若 ρ^n 非始基述詞，則還要看⒁還原成只含始基符號的句式之後將成爲何種形式的句式，才能斷定⒁的意義。這一點與 III. 5(i)(c)中所說明的情形相同；因此，也會遭遇到相同的困難。（註二七）

VII. 結　論

從運算符號的觀點來看，羅素的方法及史考特的方法具有無法補救的缺點。在理論上，希爾伯特——勃納斯方法的缺點是相當嚴重的。但是，由於實際上使用的運算符號大多能滿足(8)所敍述的唯一性條件，只有除法「÷」等極少數的例外；因此，希爾伯特——勃納斯方法成爲數學上最通用的方法。我們認爲：在理論上，佛烈格的方法，尤其是根據佛烈格方法修改而成的蒙泰鳩——卡里蕃方法，是最好的；在實際運用上，也頗爲方便：若(8)大多爲眞，則以希爾伯特——勃納斯方法較方便；若(8)爲假的情形不少，則蒙泰鳩——卡里蕃方法反較簡便。

附

註一　在此句式中，α, β 爲互不相同的個體變元，ϕ 爲一句式，其中不含 α 以外之其他自由個體變元。

註二　同(1)。

註三　在此句式中，$\alpha, \beta, \alpha_1, \cdots\cdots, \alpha_n$ 爲互不相同的個體變元；ϕ 爲一句式，其中不含 $\alpha, \alpha_1, \cdots\cdots, \alpha_n$ 以外之其他自由個體變元。

註四　例如：Mates, Benson. *Elementary Logic*. New York, 1965.
Mendelson, Elliott. *Introduction to Mathematical Logic*. New Jersey, 1964.
Stoll, Robert R. *Set Theory and Logic*. San Francisco, 1963.
Suppes, Patrick. *Introduction to Logic*. New Jersey, 1957.

註五　參閱 Suppes, Patrick. *Introduction to Logic*. p. 161.

註六 參閱 Suppes, Patrick. *Introduction to Logic*. pp. 163–169.

註七 參閱 Hilbert, David, and Bernays, Paul. *Grundlagen der Mathematik*, Bd. I. Berlin, 1934. p. 384.

註八 在此句式中，ϕ 爲一句式，其中不含 $\alpha_1, \ldots\ldots, \alpha_n$ 以外之其他自由個體變元。其他限制同(3)。

註九 在此句式中，$\alpha, \alpha_1, \ldots\ldots, \alpha_n$ 爲互不相同的個體變元；ϕ 爲一句式，其中不含 $\alpha_1, \ldots\ldots, \alpha_n$ 以外之其他自由個體變元；ϕ 亦爲一句式，其中不含 $\alpha, \alpha_1, \ldots\ldots, \alpha_n$ 以外之其他自由個體變元。

註一〇參閱① Carnap, Rudolf. "Testability and Meaning", *Philosophy of Science*, Vol. 3 (1936) pp. 419–471 and Vol. 4 (1937) pp. 1–40.

②Carnap, Rudolf. "Logical Foundations of Unity of Science," *International Encyclopedia of Unified Science*, Vol. I. Chicago, 1938. pp. 42–62.

註一一參閱 Whitehead, Alfred North, and Russell, Bertrand. *Principia Mathematica*, Vol. I (Second edition). Cambridge. 1925.pp, 66, 67.

羅素認爲確定描述詞是不完全符號，其所持理由並不充足。關於此點，因與本文主題無關，不擬在此詳述；筆者將另撰專文詳細討論。

註一二有關羅素對確定描述詞的處理方法請參閱下列文獻：

①Russell, Bertrand. "On Denoting", *Mind*, Vol. 14 (1905), pp. 479–493.

②Russell Bertrand. *Introduction to Mathematical Philosophy*. London, 1919. pp. 167-180.

③Whitehead and Russell. *Principia Mathematica*, Vol. I. pp. 66-71, 173-186. 其中論點頗有值得商榷者，筆者亦將另文討論。

註一三我們不把 ϕ 寫成〔$(\iota\alpha)\phi$〕ϕ，因爲若採用希爾伯特——勃納斯方法，則無須標出〔$(\iota\alpha)\phi$〕以指明其適用範圍。

註一四不能由(2)導出

$0=0\rightarrow(\iota z)(8=0\cdot z)/0=0$，

因而導出(5)。因爲按照羅素的方法，必須(6)爲眞纔能使用US規則，以「$(\iota z)(8=0\cdot z)$」代入(2)中的「x」。

註一五 ϕ 既爲單句式且不含定義符號，則不論採用方法(a)、(b)、(c)中的任何一種，適用範圍並無不同，因而 $\phi\alpha/(\iota\beta)\phi$ 的意義也必相同，一律涵蘊(8)。若要標明〔$(\iota\beta)\phi$〕，也只有一種可能，即〔$(\iota\beta)\phi$〕$\phi\alpha/(\iota\beta)\phi$，而此式也涵蘊(8)。……

註一六參閱 Whitehead and Russell. *Principia Mathematica*, Vol. I. p. 174.

註一七參閱 Whitehead and Russell. *Principia Mathematica*, Vol. I. p. 175.

註一八參閱 Frege, Gottlob. "Ueber Sinn und Bedeutung", Zeitchr. für Philos. und philos. Kritik, 100 (new ser.,1892), pp. 25-50. English translation in: Feigl, Herbert, and Sellars, Wilfrid.

(editors) *Readings in Philosophical Analysis.* New York, 1949. pp. 85-102.

註一九 有關佛烈格對確定描述詞的處理方法請參閱下列文獻：

①Frege, Gottlob. *Grundgesetze der Arithmatik*, Vol. I. Jena, 1893. p. 19.

②Frege, Gottlob. "Ueber Sinn und Bedeutung", Zeitchr für Philos. und philos. Kritik, 100 (new ser., 1892), pp. 25-50.（英譯見(18)）

③Gödel, Kurt. "Ueber Formal unentscheidbare Sätze der Principia Mathematica und verwandter Systeme I", Monatshefte für Mathematik und Physik, XXXVIII (1931). pp. 173-198. English translations in:

(a)van Heijenoort, Jean. (editor) *From Frege to Gödel.* Massachusetts, 1967. pp. 596-616.

(b)Davis, Martin. (editor) *The Undecidable.* New York, 1965. pp. 5-38.

④Quine, Willard van Orman. *Mathematical Logic* (revised edition). Massachusetts, 1951. pp. 146-152.

⑤Carnap, Rudolf. *Logical Syntax of Language.* New Jersey, 1959. pp. 22-23.

⑥Carnap, Rudolf. *Meaning and Necessity* (second edition, fifth impression). Chicago, 1967. pp. 35-38. pp.

註二〇 本文所採用的記號法及推論規則，參閱拙著邏輯（三民書局一九七〇年九月初版，一九七三年五月增訂新版）。

註二一 詳細推衍請參閱拙著邏輯（一九七三年五月增訂新版）pp. 414–416.

註二二 這一點是 Richard Montague 和 Donald Kalish 所指出的。請參閱他們合著的論文 “Remarks on Descriptions and Natural Deduction”, Archiv für mathematische Logik und Grundlagenforschung, Heft 3/1–2 (1957), pp. 50–64.

註二三 關於此方法請參閱下列文獻：

①Montague, Richard, and Kalish, Donald. “Romarks on Descriptions and Natural Deduction”, Archiv für mathematische Logik und Grundlagenforschung, Heft 3/1–2 (1957), pp. 50–64; Heft 3/3–4 (1957), pp. 65–73.

②Kalish, Donald, and Montague, Richard. *Logic: Techniques of Formal Reasoning.* New York, 1964. pp. 233–270.

③林正弘，邏輯（增訂新版），臺北三民書局，1973. pp. 409–412.

註二四 史考特的方法參閱

Scott, Dana. “Existence and Description in Formal Logic”, in *Bertrand Russull: Philosophy of the Century* (ed. by Ralph Schoenman), 1967, pp. 181–200.

註二五 參閱下列文獻

①Quine, W. V. "Designation and Existence", *The Journal of Philosophy*, Vol. 36 (1939), pp. 701–709.

②Quine, W. V. "On What There Is", *Review of Metaphysics*, Vol. 2 (1948), pp. 21–38.

③Carnap, Rudolf. *Meaning and Necessity* (second edition, fifth impression). Chicago, 1967. pp. 42–46.

④Carnap, Rudolf. "Empiricism, Semantics, and Ontology", *Revue Internationale de Philosophie*, Vol. 11 (1950), pp. 20–40.

註二六在史考特原文中，(I3) 寫成

$*=\alpha \vee *=\beta \rightarrow \lrcorner \alpha R \beta.$

其中「*」爲「$(\iota\gamma)(\gamma \neq \gamma)$」之縮寫。在史考特的公理系統中只有一個始基述詞「R」，並且「R」是二元述詞。因此，在前件中只提到 α 和 β。我們不限制始基述詞的個數及元數，故加以修改。

註二七參閱本文 pp. 20–22.

（本文撰寫期間曾獲行政院國家科學委員會之研究補助，特此申致謝意。）

原載臺大文學院「文史哲學報」第二十二期（一九七三）

Quine, W. V. "Designation and Existence", The Journal of Philosophy, Vol. 36 (1939), pp. 701-709.
Quine, W. V. "On What There Is", Review of Metaphysics, Vol. 2 (1948), pp. 21-38.
Carnap, Rudolf. Meaning and Necessity (second edition, fifth impression), Chicago, 1967, pp. 42-46.
Carnap, Rudolf. "Empiricism, Semantics, and Ontology", Revue Internationale de Philosophie, Vol. 11 (1950), pp. 20-40.
[illegible] (13) [illegible]
[illegible]
[illegible] pp. 20-32.
[illegible]

三民文庫已刊行書目（五）

編號	書名	著者	類別
161.	水仙的獨白	胡品清著	散文
162.	希臘哲學史	李震著	哲學
163.	靈臺書簡	劉紹銘著	書簡
164.	春天是你們的	鍾梅音著	散文
165.	談文學	鄭騫等著	文學
166.	水仙辭	張秀亞著	散文
167.	德國文學散論	李魁賢著	新詩
168.	中國史學名著①②	錢穆著	歷史
169.	管綖書室學術論叢	顧翊群著	學術
170.	鐘	水晶著	散文
171.	旗有風集	漢客著	散文
172.	讀書與行路	彭歌著	散文
173.	南海遊踪	施翠峰著	遊記
174.	閑話閑話	洪炎秋著	文學
175.	迎頭趕上	陳立夫著	論文
176.	愛情力量及正義	王秀谷譯	哲學
177.	青年與學問	唐君毅著	哲學
178.	靜軒時論選集	賴景瑚著	時評
179.	青年的路向	鄭鴻志譯	心理
180.	雨窗下的書	繆天華著	小品文
181.	人性與心理	孟廣厚著	心理
182.	自信與自知	彭歌著	散文
183.	文藝與傳播	王鼎鈞著	散文
184.	人海聲光	張起鈞著	散文
185.	橫笛與豎琴的晌午	蓉子著	新詩
186.	音樂創作散記	黃友棣著	音樂
187	芭琪的雕像	胡品清著	散文
188.	中國哲學與中國文化	成中英著	哲學
189.	舊金山的霧	謝冰瑩著	散文
190.	說中華民族之花果飄零	唐君毅著	散文
191.	詩經相同句及其影響	裴普賢著	文學
192.	科學眞理與人類價值	成中英著	邏輯
119.	回顧錄①②③④	鄒魯著	傳記
194.	藝術零縑	劉其偉著	藝術
195.	白馬非馬	林正弘著	邏輯
196.	書生天地	陳鼎環著	散文
197.	王陽明哲學	蔡仁厚著	哲學
198.	童山詩集	邱燮友著	新詩
199.	海外憶	李慕白著	散文
200.	致被放逐者	彭歌著	散文

三民文庫已刊行書目（四）

編號	書名	作者	類別
121.	樂藝	劉其偉著	藝術
122.	烽火夕陽紅	易君左著	回憶錄
123.	哲學與文化	吳經熊著	哲學
124.	危機時代的中西文化	顧翊羣著	文化論集
125.	自然的樂章	盧克彰著	散文
126.	筆之會	彭歌著	散文
127.	現代小說論	周伯乃著	論述
128.	美學與語言	趙天儀著	哲學
129.	一個主婦看美國	林慰君著	散文
130.	蘭隨苑筆	鍾梅音著	散文
131.	異鄉偶書①②	何秀煌 王劍芬 著	散文
132.	詩心	黃永武著	文學
133.	近代人和事	吳相湘著	歷史
134.	白萩詩選	白萩著	新詩
135.	哲學三慧	方東美著	哲學
136.	綠窗寄語	謝冰瑩著	書信
137.	淺人淺言	洪炎秋著	散文
138.	危機時代國際貨幣金融論衡	顧翊羣著	經濟
139.	家庭法律問題叢談	董世芳著	法律
140.	書的光華	彭歌著	散文
141.	燈下	葉蟬貞著	散文
142.	民國人和事	吳相湘著	歷史
143.	詞箋	張夢機著	文學
144.	生命的光輝	謝冰瑩著	散文
145.	斯坦貝克攜犬旅行	舒吉譯	遊記
146.	現代文學的播種者	吳詠九著	文學
147.	琴窗詩鈔	陳敏華著	新詩
148.	大衆傳播短簡	石永貴著	論述
149.	那兩顆心	林雪著	散文
150.	三生有幸	吳相湘著	傳記
151.	我及其他	劉枋著	散文
152.	現代詩散論	白萩著	新詩
153.	南海隨筆	梁容若著	散文
154.	論人	張肇祺著	文化哲學
155.	孤軍苦鬥記	毛振翔著	傳記
156.	回春詞	彭歌著	散文
157.	中西社會經濟論衡	顧翊羣著	經濟
158.	宗教哲學	錢永祥譯	哲學
159.	反抗者①②	劉俊餘譯	論述
160.	五經四書要旨	盧元駿著	文學

三民文庫已刊行書目（三）

編號	書名	作者	類別
81.	一樹紫花	葉蘋著	散文
82.	水晶夜	陳慧劍著	散文
83.	胡巡官的一天	金戈著	小說
84.	取者和予者	彭歌著	散文
85.	禪與老莊	吳怡著	哲學
86.	再見！秋水！	畢璞著	小說
87.	迦陵談詩①②	葉嘉瑩著	文學
88.	現代詩的欣賞①②	周伯乃著	文學
89.	兩張漫畫的啓示	耕心著	散文
90.	語小集	蕭冰著	散文
91.	社會調查與社會工作	龍冠海著	社會學
92.	勝利與還都	易君左著	回憶錄
93.	文學與藝術	趙滋蕃著	散文
94.	暢銷書	彭歌著	散文
95.	三國人物與故事	倪世槐著	歷史
96.	籠中讀秒	姚葳著	故事
97.	思想方法	秀河著	散文
98.	腓力浦的孩子	武陵溪著	時評傳記
99.	從香檳來的①②	彭歌著	小說
100.	從根救起	陳立夫著	論文
101.	文學欣賞的新途徑	李辰多著	文學
102.	象形文字	陳冠學編著	文字學
103.	六甲之冬	沙岡著	小說
104.	歐氛隨侍記①②	王長寶著	日記
105.	西洋美術史①②	徐代德譯	藝術
106.	生命的學問	牟宗三著	哲學
107.	孟武續筆	薩孟武著	散文
108.	德國現代詩選	李魁賢譯	新詩
109.	祝善集	彭歌著	散文
110.	校園裡的椰子樹	鄭清文著	小說
111.	行與言	桂裕著	雜文
112.	吳淞夜渡	孟絲著	小說
113.	仙人掌	胡品清著	散文
114.	理想和現實	毛子水著	論述
115.	班會之死	碧竹著	小說
116.	二涼亭	吳樹廉著	小說
117.	六十自述	鄭通知著	傳記
118.	悲劇的誕生	李長俊譯	哲學
119.	一束稻草	吳怡著	散文
120.	德國詩選	李魁賢譯	新詩

三民文庫已刊行書目（二）

編號	書名	作者	類別
41.	寒花、墜露	繆天華著	小品文
42.	中國歷代故事詩①②	邱燮友著	文學
43.	孟武隨筆	薩孟武著	散文
44.	西遊記與中國古代政治	薩孟武著	歷史論述
45.	應用書簡	姜超嶽著	書信
46.	談文論藝	趙滋蕃著	散文
47.	書中滋味	彭歌著	散文
48.	人間小品	趙滋蕃著	散文
49.	天國的夜市	余光中著	新詩
50.	大湖的兒女	易君左著	回憶錄
51.	黃霧	朱桂著	散文
52.	中國文化中與國法系	陳顧遠著	法制史
53.	火燒趙家樓	易君左著	回憶錄
54.	拋磚記	水晶著	散文
55.	風樓隨筆	鍾梅音著	散文
56.	那飄去的雲	張秀亞著	小說
57.	七月裡的新年	蕭綠石著	散文
58.	監察制度新發展	陶百川著	政論
59.	雪國	喬遷譯	小說
60.	我在利比亞	王琰如著	遊記
61.	綠色的年代	蕭綠石著	散文
62.	秀俠散文	祝秀俠著	散文
63.	雪地獵熊	段彩華著	小說
64.	弘一大師傳①②③	陳慧劍著	傳記
65.	留俄回憶錄	王覺源著	回憶錄
66.	愛晚亭	謝冰瑩著	小品文
67.	墨趣集	孫如陵著	散文
68.	蘆溝橋號角	易君左著	回憶錄
69.	遊記六篇	左舜生著	遊記
70.	世變建言	曾虛白著	時事論述
71.	藝術與愛情	張秀亞著	小說
72.	沒條理的人①②	譚振球譯	哲學
73.	中國文化叢談①②	錢穆著	文化論集
74.	紅紗燈	琦君著	散文
75.	青年的心聲	彭歌著	散文
76.	海濱	華羽著	小說
77.	傻門春秋	幼柏著	散文
78.	春到南天	葉曼著	散文
79.	默默遙情	趙滋蕃著	短篇小說
80.	屐痕心影	曾虛白著	散文

三民文庫已刊行書目（一）

編號	書名	作者	類別
1.	鵝毛集	梁容若著	散文
2.	琦君小品	琦君著	散文
3.	我與文學	張秀亞著	散文
4.	兩地	林海音著	散文
5.	失去的影子	于吉著	小說
6.	海星	郭嗣汾著	小說
7.	作家印象記	謝冰瑩著	傳記
8.	知識論	何秀煌譯	哲學
9.	遯園雜憶	胡耐安著	傳記
10.	摘星文選	鍾梅音著	散文
11.	值得回憶的事	宋希尙著	傳記
12.	回國前後	陶百川著	日記
13.	語言的哲學	何秀煌譯	哲學
14.	回憶與感想	徐世大著	傳記
15.	楊肇嘉回憶錄①②	楊肇嘉著	傳記
16.	學生時代	薩孟武著	傳記
17.	印度文學欣賞	糜文開編著	文學
18.	水滸傳與中國社會	薩孟武著	歷史論述
19.	我在美蘇采風探眞	陶百川著	回憶錄
20.	美國對華政策覘透	陶百川著	外交論著
21.	我生一抹	姜超嶽著	傳記
22.	科學的哲學	何秀煌譯	哲學
23.	我的回憶	謝冰瑩著	傳記
24.	天下大勢老實話	陶百川著	外交論著
25.	邏輯	何秀煌譯	哲學
26.	中年時代	薩孟武著	傳記
27.	吳鐵城回憶錄	吳鐵城著	傳記
28.	我祇追求一個圓	鍾梅音著	散文
29.	秋瑾革命傳	秋燦芝著	傳記
30.	七十自述	淩鴻勛著	傳記
31.	教育老兵談教育	洪炎秋著	教育論述
32.	珊瑚島	呼嘯著	小說
33.	老莊思想與西方哲學	宋稚青譯	哲學
34.	忙人閑話	洪炎秋著	散文
35.	莊子	陳冠學譯	哲學
36.	實用書簡	姜超嶽著	書信
37.	近代藝術革命	徐代德譯	藝術
38.	詩詞曲疊句欣賞研究	裴普賢著	文學
39.	夢與希望	鍾梅音著	散文
40.	夜讀雜記①②	何凡著	散文